DEMARCADORES E OBJETOS EM CAMPANHA

CARLOS GOMES DE CASTRO

DEMARCADORES E OBJETOS EM CAMPANHA

A COMISSÃO BRASILEIRA DEMARCADORA DE LIMITES E A FABRICAÇÃO DE FRONTEIRAS

Prêmio de melhor dissertação de Mestrado no
Concurso Anpocs de Obras Científicas e
Teses Universitárias em Ciências Sociais
Edição 2013

Cultura Acadêmica
Praça da Sé, 108
01001-900 – São Paulo – SP
Tel.: (0xx11) 3242-7171
Fax: (0xx11) 3242-7172
www.culturaacademica.com.br
feu@editora.unesp.br

Anpocs
Av. Prof. Luciano Gualberto, 315 – 1º andar
Cidade Universitária – CEP 05508-010 – São Paulo SP
Tel.: (11) 3091-4664 / 3091-5043
anpocs@anpocs.org.br
www.anpocs.org.br

CIP – Brasil. Catalogação na Fonte
Sindicato Nacional dos Editores De Livros, RJ

C351d

Castro, Carlos Gomes de

Demarcadores e objetos em campanha: a comissão brasileira demarcadora de limites e a fabricação de fronteiras

Carlos Gomes de Castro. – 1. ed. – São Paulo: Cultura Acadêmica, 2014.

ISBN 978-85-7983-554-4

1. Brasil – Fronteiras. 2. Brasil – Condições sociais. I. Título.

14-16457 CDD: 981
CDU: 94(81)

Editora afiliada:

À Cecília e ao Raul,
que me permitem seguir imaginando.

Você me pergunta em que latitude e longitude me encontro;
não tenho ideia do que seja longitude e latitude;
mas acho ambas as palavras fantásticas.

Lewis Carroll, *Alice no país das maravilhas*

Agradecimentos

Primeiramente, à Cecília, minha mãe, que, embora tenha frequentado tão pouco as salas de aula e sem compreender muito bem os meandros pelos quais me encaminho, nunca mediu esforços para que eu pudesse seguir estudando. Aos meus familiares mais próximos, que sempre me oferecem aconchego e sossego nas horas mais pesadas.

À professora Olívia Maria Gomes da Cunha, pela orientação atenta e, sobretudo, por impulsionar-me a entrar no mundo dos arquivos e a tratar criativamente os artefatos documentais da Primeira Comissão Brasileira Demarcadora de Limites e as teorias antropológicas. Aos membros da banca examinadora da dissertação de mestrado que deu origem a este livro, professores Amir Geiger e Márcio Goldman. Ao Amir, sou também grato pela possibilidade de compartilhar ideias e pelas instigantes sugestões de leitura do material de arquivo por mim manipulado. Aos professores do Museu Nacional, com os quais cursei disciplinas que me inspiraram de maneiras diferenciadas.

A todos meus amigos e mais que amigos. Cada um deles sabe como e quão significativos são para mim.

Às instituições de apoio à pesquisa científica Capes e Faperj, pelas bolsas concedidas durante os anos 2010 e 2011, respectivamente. À Associação Nacional de Pós-Graduação e Pesquisa em Ciências Sociais, que, por meio do Prêmio Anpocs na categoria de melhor dissertação de mestrado, propiciou, com o apoio da Editora Unesp, a publicação desta obra.

A Primeira Comissão Demarcadora de Limites (PCDL) disponibilizou todos os relatórios e álbuns das campanhas de demarcação realizadas durante os anos de 1928 a 1947 e, posteriormente, autorizou a publicação de algumas das imagens contidas nesses materiais. Dessa instituição, agradeço os auxílios prestados pela bibliotecária Ivete Botelho e pelas estagiárias da biblioteca. Meu agradecimento também à Laura, bibliotecária da Segunda Comissão Demarcadora de Limites (SCDL).

Sumário

Apresentação

Palavras fronteiriças

Ocupar as folhas liminares que compõem este espaço de convenção com qualquer tentativa de apresentar substantivamente o trabalho do Carlos seria quebrar seu encanto, enredando linhas parasitas num texto cujo charme discreto, sem afetações, opera efeitos poderosos: uma etnografia de inspiração a-n-t, aplicada aos e conduzida nos arquivos do Estado (concernentes à demarcação de um trecho de fronteira amazônica durante um trecho de modernização brasileira), e urdida com um fio irônico e sincero de realismo (mágico). Uma narrativa (com pátina malinowskiana) de como a busca de artefatos documentais e outros, e a interação com eles, faz aparecerem figuras que não são sequências de (f)atos, mas encadeamentos de agências, ciclos e extensões de operações materiais e simbólicas.

Demarcar fronteiras é fabricá-las — apreendemos desde o título. Mas essa (não) equivalência não está aqui deduzida previamente (sendo então a pesquisa uma comprovação empírica, ao modo disciplinar) do suposto fato de que elas, fronteiras, são convenções, isto é, ficções do reino da cultura (*mapas*): o lado 'de cá' em relação ao que, do lado de 'lá', são dados do reino da natureza (*territórios*).

Pois o princípio de que *o mapa não seja o território* — fundador, ou melhor, fiador de toda metalinguagem, disciplinador dos paradoxos, normalizador das representações — não implica que não haja circuitos (transitivos, não interrompidos) em que o território é mapa *de outros territórios*. Se fabricar fronteiras é performá-las (sendo o texto etnográfico a performance cativante dessa afirmação), o Estado-nação[1] pode ser considerado uma entidade autopoiética — suas bordas e fronteiras são limites mais que algébricos: funcionais e ecológicos.

O Estado moderno confunde mapa e território, atuando na base da substituição da política pelo cálculo.[2] Mas se a distinção é, ela mesma, política (*toda ontologia é uma epistemologia*, reza uma das versões do paradigma ecológico-mental), a questão é a da sua performatividade: onde/quando distinguir ou identificar. G. Bateson chamou de processo primário a instância em que o mapa é o território, e esta pode ser uma boa chave para relembrar que as vanguardas literárias acreditaram que era possível transformar o mundo revolucionando a linguagem — a linguagem-experiência, que não fosse redutível a um cálculo. Trata-se da versão modernista da eficácia simbólica — a crença vivida e atuada de que há representações que, manipuladas, modificam o representado. (Os 'retratos do Brasil' não estão longe dessa lógica.)

Houve então um grande e continuado esforço social de erigir marcos de fronteira — pequenos monumentos à monomentalidade pátria — nos pontos exatos do território que haviam sido imprecisamente previstos por acordos e convenções de limites; e no processo produziram-se 'mais e melhores' mapas, em campanhas que eram ao mesmo tempo a transformação do que se mapeava. Essa história pode lembrar a da infame arte cartográfica já narrada por J. L. Borges: aquela que converge para um limite fechado, isto é, que morre

1 Os arquivos são estatais (num sentido mais amplo do que o administrativo), e a nação entrou aqui de contrabando do prefixo etno-.

2 B. Latour grafou esse Estado como *modernista*, e talvez essa sufixação frouxa seja um correspondente antropológico daquilo que Carlos chama de "mobilidade política da precisão", na performance dos mapas.

quando a precisão ganha o tamanho do território. Acordá-la dos/nos arquivos serve para mobilizá-la em outras derivas, e nos lembra de que há uma aposta possível, de que a arte da cartografia (os cálculos *e* suas performances) prossiga sempre em outras direções, e que o mapa, tornando-se assim mais complexo (não mais exaustivo), termine-recomece por transmutar-se em território. (Ordem e progresso, para os primitivismos, é o nome da apropriação espúria, unilinear, dessa descontinuidade heterotópica.)

É quase um sortilégio numerológico que o período demarcado pela pesquisa corresponda aproximadamente ao da consolidação da etnografia de linhagem malinowskiana e, também, ao de atuações intelectuais como a de Mário de Andrade, que mapeou/inventariou a diversidade brasileira (a partir do ato falho etnográfico que está no coração, *reassembled*, de *Macunaíma*). Pois, entre outras iluminações propiciadas pelo trabalho do Carlos, está a evidenciação das semelhanças de família que aparecem entre, de um lado, as diversas, heterogêneas operações que fabricam fronteiras (depurando em informação a experiência no campo ou nas campanhas), e, de outro, aquelas que, no período dito modernista, compõem tanto a produção antropológica disciplinarmente instituída quanto o mapeamento cultural da nação pelo Estado brasileiro.

Dessa perspectiva, este livro entre tantas outras possibilidades é também uma contribuição original a uma teoria etnográfica não culturalista do Estado-nação pós-colonial. Se pensarmos, abdutivamente e em outro paradigma, *cultura* como um território hipercomplexo, é possível dizer que com ela se deu algo semelhante ao que nosso autor soube tão bem desenhar e traduzir no domínio das fronteiras 'nacionais': foi demarcada com divisões, hierarquias, segregações (étnicas, sociais, econômicas) na mesma medida em que era mapeada com crescente precisão. Mas a 'cultura etnográfica' da antropologia, que se (des-)envolveu dessa armadilha, pode proliferar em modos alternativos e dispersos, capazes de liberar o processo primário e os cálculos para que operem, disjuntos, novas sínteses, jogos-fantasias (o mapa sendo e não sendo, simultaneamente, o território), ocupações e simbioses — tudo que não cabe ainda nos arquivos e patrimônios.

Amir Geiger
Rio de Janeiro, 19 de agosto de 2014

Introdução

Um mateiro nos arquivos

Ao voltar o olhar para a experiência de campo, o pesquisador pode cair na fácil tentação de produzir uma narrativa bem concatenada a respeito de seu trajeto, como se acontecimentos e ideias diversos fossem parte de um mesmo e único quebra-cabeça. Algumas experiências podem até possuir essa qualidade de perfeita junção, mas, caso existam, são raras. Fazendo parte de uma maioria, meu campo e minha pesquisa como um todo percorreram caminhos incertos e, por vezes, desconexos. *Como se fosse um mateiro* – um homem que faz picadas na mata fechada –, insinuei-me por emaranhados de papéis e móveis de arquivo.

A ideia de ser um mateiro nos arquivos não deve ser entendida como apenas um artifício retórico, já que é parte integrante da minha argumentação e, principalmente, do modo pelo qual construí meu objeto durante a investigação. Não sabia onde estavam os materiais/documentos que desejava encontrar. Entre as 'coisas'[1]

1 Algumas convenções: utilizo aspas duplas em citações diretas de artigos ou documentos e também quando faço referência a algum termo nativo; as aspas simples são ênfases que dou em determinadas palavras, com o objetivo de

dos arquivos, senti-me, muitas vezes, perdido. Parafraseando o antropólogo Nicholas Dirks (2002, p.47), diria que fiquei em estado de pânico quando entrei, pela primeira vez, em uma grande instituição arquivística: diante de mim, estavam centenas de documentos que eu poderia abrir e vasculhar, livros que poderia ler, corredores cheios de estantes que poderia percorrer. Tudo estava bem disposto nas prateleiras e caixas, contudo, para mim, um completo inexperiente, toda a organização foi experimentada, inicialmente, como um caos que precisava ser controlado de algum modo – e não sabia como fazer isso. Não fui atrás de respostas teóricas nem de manuais que me ensinassem a manipular documentos. O caos foi organizado na prática, na própria busca. Como um mateiro, descobri que seria necessário abrir trilhas, interligar pontos, abandonar caminhos já abertos e reiniciar passos. Como um mateiro, percebi que seria importante definir estratégias de aproximação ou de afastamento, para que assim pudesse definir, com mais perspicácia, a melhor vereda a seguir. São as histórias dessas picadas que fiz em alguns arquivos brasileiros que conto nas próximas linhas. Espero que elas demonstrem que meu objeto não estava dado de antemão e que minhas escolhas teóricas relacionam-se com o próprio anseio de encontrar uma picada que rendesse discussões interessantes acerca do problema de pesquisa.

---

alargar seus sentidos ou para fugir de certo jargão sociológico. Assim, por vezes, as palavras 'coisa' e 'dado' vêm acompanhadas de aspas simples. O itálico será usado tanto para grafar palavras em língua estrangeira quanto para realçar termos ou expressões. Alguns dos termos realçados contribuem para o argumento do meu texto, como a própria ideia de um *mateiro* nos arquivos. As referências dos documentos usados aparecem nas notas de rodapé e, para facilitar a leitura, resolvi pôr as fotos no final de cada capítulo na forma de cadernos de imagens. As fotografias devem ser compreendidas como parte integrante do texto, não meramente como ilustrações. No corpo do texto, todas as citações diretas em língua estrangeira foram por mim traduzidas. Apenas nas notas de rodapé encontram-se algumas citações em inglês ou francês.

Picada 1: em busca dos Coudreau

Em meu primeiro esboço de projeto de dissertação, visava a estudar os registros de viagem de Henri Anatole Coudreau e Octavie Coudreau – casal que explorou, na segunda metade dos oitocentos, as regiões do norte brasileiro e também partes da Guiana Francesa e do Suriname, produzindo conhecimentos que contribuíram para a formação de uma geografia e uma cartografia desses locais. Pretendia seguir as diferentes redes de relações e alianças em que estavam inseridos os Coudreau, bem como determinar as posições dos diversos atores sociais – como geógrafos, funcionários do Estado, populações indígenas e negras, tecnologias – que tornaram possível a produção científica deles.

Iniciando a pesquisa, realizei buscas em diversos portais de universidades brasileiras e estrangeiras para obter artigos, livros e/ou dissertações e teses que, direta ou indiretamente, versassem sobre os dois viajantes. Encontrei um livro intitulado *Henri Anatole Coudreau (1859-1899): dernier explorateur français en Amazonie*, de Sebastien Benoit. Tal publicação era fruto da tese de doutorado defendida pelo autor na Université de La Rochelle, na área de história. Tendo em mãos esse livro, obtive informações gerais sobre a vida de Henri Coudreau e suas atividades para o governo francês em Caiena, e tive acesso a uma bibliografia em que se elencavam, detidamente, seus artigos e obras.

Embora se dispusesse a relatar, em pormenores, as aventuras de Coudreau nas terras pouco conhecidas da Guiana Francesa e a analisar sua biografia e as relações sociais mantidas por ele, observei que Sebastien Benoit quase não utilizava documentos distanciados do caráter técnico-científico das obras escritas pelo viajante francês;[2] pouquíssimas eram as referências a arquivos 'menos téc-

2 As obras de Henri Coudreau trazem poucas referências sobre sua vida e as relações que pôde manter com diferentes setores do governo francês e do campo geográfico. Nelas, encontram-se, em sua maioria, informações geográficas, topográficas, hidrográficas e etnográficas das regiões pelas quais o francês passou em suas longas viagens. Apenas nos prefácios e em algumas introduções

nicos', como cartas ou ofícios sem grandes pretensões analíticas. Com efeito, o historiador abordava a vida de Coudreau a partir de sua própria geografia de viagem, resumindo sua trajetória em três caminhos gerais: um em que sobressaíam as preocupações econômicas de Coudreau ("Un projet économique ou la nature domestiquée"); outro que estava ligado a questões sociológicas ("Un projet de société ou Coudreau et les Indiens"); e um último em que prevaleciam os interesses políticos ("Un projet politique ou la question du Conteste franco-brésilien"). A ausência de documentos 'mais pessoais' possibilitou-me questionar se existiam relatórios ou ofícios de Henri Anatole Coudreau em algum arquivo brasileiro e se ele tinha mantido, durante o período de suas atividades na região paraense, algum contato mais próximo com o governo brasileiro, com a Sociedade de Geografia do Rio de Janeiro (SGRJ) ou com o Instituto Histórico e Geográfico Brasileiro (IHGB). Benoit não mencionava nada em relação a esses questionamentos. Para ser mais exato, os raros documentos citados por esse autor eram provenientes de instituições francesas instaladas em Caiena, onde Coudreau fora professor no início de sua carreira, e, por isso, referiam-se às relações do viajante com o governo e com as sociedades científicas da França.

Sem uma resposta certa, mas com a esperança de deparar-me com alguma novidade, saí à procura de referências ao casal de franceses em bibliotecas e arquivos brasileiros. Concentrei minhas investigações no Rio de Janeiro e em Belém. A escolha dessas duas cidades deu-se por um motivo bastante pontual: ambas mantinham instituições arquivísticas com forte entrada no campo da geografia, história e das relações internacionais.

No Rio de Janeiro, averiguei, primeiramente, os catálogos da Biblioteca Nacional (BN) e do IHGB. Na BN, não existia, na seção de manuscritos, nenhum documento catalogado que fizesse men-

---

são postos dados sobre a vida pessoal do viajante. No livro de Benoit, dá-se uma resposta para quem foi Coudreau com base apenas em informações voltadas para uma geografia feita em favor da França. Creio que esta seja uma das possíveis facetas do viajante.

ção ao nome do viajante. No IHGB, tampouco consegui retornos positivos: tal como na BN, lá só havia memórias da conturbada delimitação das fronteiras da Guiana Francesa e grande parte das narrativas de viagem do casal – todas conservadas na seção de obras raras. Diante do vazio documental, resolvi repensar o projeto inicial: como não achei os Coudreau diretamente, foi preciso encontrar, no meio daquela quantidade imensa de papel e informação, outros rumos. Voltei, então, minha atenção para as memórias, que, como disse, fervilhavam nas respostas das buscas, feitas tanto via computador quanto nos grandes armários de fichas da BN e do IHGB.

Picada 2: lendo memórias

As narrativas contidas nos textos memorialísticos apresentaram-me os problemas existentes durante o processo de negociação dos limites das fronteiras brasileiras e guianenses.[3] Nelas, li trechos que remetiam aos tratados e acordos firmados por portugueses e franceses durante os séculos XVIII e XIX,[4] e que mencionavam o recorrente interesse francês de estender seus domínios a áreas que não lhes pertenciam legalmente.[5] Mais que apenas expor uma

---

3 Ver, por exemplo, na *Revista do Instituto Histórico Geográfico Brasileiro*: "Compêndio histórico sobre os limites com a Guiana Francesa" (n.20, 1857); "Memória sobre a parte da Guiana chamada Francesa, pelo Brigadeiro Manuel Marques" (n.12, 1849). No IHGB: "Memória sobre os limites do Império do Brazil com a Guyana Franceza", de Duarte da Ponte Ribeiro, 1895; Compêndio histórico do ocorrido na demarcação dos limites do Brasil do lado da Guyana Francesa, de Manoel José Maria da Costa e Sá; dentre outros.

4 Alguns dos tratados e acordos levantados pelas memórias são: Tratado de Utrecht (11 de abril de 1713); Tratado de Paz (10 de agosto de 1797); Tratado de Badajos (6 de junho de 1801); Convenção de Paris (28 de agosto de 1817); Conferências Especiais em Paris relativas ao território em litígio (30 de agosto de 1855). Para uma apresentação de cada um desses acordos, ver Viana (1948) ou Engel (1968).

5 Em 1835, como pontua Hélio Viana (1948), a França, aproveitando-se das movimentações da cabanagem, no Pará, tentou estabelecer um posto na margem

história das controvérsias das fronteiras, as memórias pretendiam solucioná-las por meio de um discurso lógico-científico: elas reuniam, em um único documento, levantamentos hidrográficos, topográficos e históricos conduzidos por viajantes e exploradores que passaram pela região contestada. Poderia apontar um conjunto de memórias que caminham na direção dessa afirmação, contudo cito somente *L'Oyapoque et l'Amazone*, do diplomata Joaquim Caetano da Silva, publicada em 1861 e que se tornou mais conhecida em 1900, quando José Maria da Silva Paranhos – o Barão do Rio Branco – utilizou-a para sustentar seus argumentos em favor da posição brasileira. Não procuro realizar uma análise dessa obra, o que, conquanto interessante, conduziria este texto a outros lugares. Na verdade, para mim, sua importância reside mais nos sinais (Ginzburg, 1989) que ela me ofereceu do que em seu conteúdo propriamente dito.

Dados absolutamente diversos (e dispersos) começaram a se entrecortar e fazer sentido: Guiana, Brasil, espaço neutro, conflitos, memórias, Joaquim Caetano da Silva, interesses econômicos, José Maria da Silva Paranhos, acordo de delimitação e viagens de Coudreau pelo Pará. Esses sinais mostraram-me que com apenas um texto não conseguiria alcançar uma resposta plausível. Pensando nisso, comecei a ler, no IHGB, a defesa da "causa" brasileira escrita por Paranhos, intitulada "Frontiers entre le Bresil et la Guyane Française, second memoirs presente par les Etats Unis de Bresil au gouvernement suisse, arbitre entre le Bresil et la France". Como era bem extensa – sendo composta por uma memória, um livro de

direita do rio Oiapoque, que, no período, era propriedade brasileira. Outro exemplo pode ser encontrado no ano de 1894, quando "a situação naquelas paragens começou a preocupar seriamente os homens públicos no Brasil e na França: a descoberta de jazidas de ouro nas cabeceiras do rio Calsoene (*sic*) atraíra milhares de aventureiros, que ali se estabeleceram, vivendo num regime da mais completa anarquia. Com o fim de salvaguardar a população brasileira, ameaçada de submersão pelas sucessivas ondas de adventícios procedentes das Guianas, das Antilhas e até dos Estados Unidos e da Inglaterra, constituiu-se um governo local brasileiro incumbido de zelar pelos interesses e defender os direitos dos nossos compatriotas" (Viana, 1948, p.213-4).

documentos originais e um atlas –, sabia da impossibilidade de lê-la e analisá-la em sua completude; verifiquei se no índice remissivo havia referências aos trabalhos de Coudreau. Sim, elas existiam! O diplomata citava, em poucas páginas, considerações geográficas do francês,[6] cotejando-as com outras fontes.

Juntamente com a sensação de entusiasmo, pois fora a primeira vez que havia visto o nome do viajante em um texto da época, as citações incitaram-me a examinar as cartas do Barão do Rio Branco mantidas pelo IHGB.[7] Li tudo aquilo que pude compreender, mas, infelizmente, não granjeei novas pistas.

Picada 3: Arquivos de fronteira e relações internacionais

Decidi, então, entrar em contato com o Arquivo Histórico do Itamaraty do Rio de Janeiro, local onde era mantida a maioria dos documentos do e sobre o Barão do Rio Branco e também das fronteiras internacionais. Nessa instituição, esperava poder manusear as fichas catalográficas e, por conseguinte, definir um plano de leitura de tudo aquilo que, de algum modo, se ligasse aos objetivos da investigação. Talvez meu projeto tivesse logrado algum sucesso, caso um empecilho não barrasse o seu bom andamento: o Arquivo estava passando por uma reforma e, por tal razão, era impossível obter qualquer tipo de informação. No prédio do Itamaraty, ainda restavam dois outros locais a serem contatados, a Mapoteca e a SCDL. No primeiro, depois de ultrapassar a burocracia para se ter acesso à documentação, vi, com autorização da chefe do departamento, apenas uma pequena cópia de um mapa de alguma viagem de Henri Coudreau. Como a tinta azul de um carimbo assinalava, a carta pertencia, pelo menos naquele ambiente, à Secretaria de Estado das Relações Exteriores e, considerando isso, estabelecia

6 As citações estão nas páginas 18-20, 22, 23, 25, 29, 32, 33 e 35.

7 As cartas do Barão que manipulei estão mantidas na lata 647, pastas 11-14 do arquivo do IHGB.

associações com questões, eventos e personagens deveras variados. Na ficha catalográfica, não havia nenhuma data, somente um título amplo e deslocado: "Redução das Cartas V, VI e VII do Atlas de Coudreau". Qual atlas seria este? Em todas as buscas que fizera até ali, nenhum resultado sugeria sua existência. Fiz novas pesquisas na Internet, encontrando um atlas de 1887, recentemente reeditado pela British Library.[8] A biblioteca inglesa liberava, para os usuários nela cadastrados, o acesso a uma versão digital do atlas; como não tinha cadastro, não visualizei o conjunto de mapas; logo, a "redução" continuou sendo, para mim, unicamente um mapa solto no meio de uma grande sala onde eram abrigados milhares de documentos de uma suposta história das relações internacionais. Sem mapas, croquis, rascunhos ou desenhos, continuei sem saber por onde 'andaram' os viajantes franceses. Todas as caixas, pastas, gavetas e armários abertos até ali não me revelavam as apropriações de suas viagens por instituições brasileiras.

Mas não desisti. Rumei para a SCDL. Lá, como já entrevira, inexistiam documentos catalogados sobre e dos Coudreau. Por outro lado, havia, ainda desorganizados e indisponíveis para o público em geral, relatórios e mapas das chamadas campanhas demarcatórias da parte sul do Brasil. Iniciei, assim, meu contato com questões que envolviam demarcação de fronteiras (assunto que voltará mais à frente). Na biblioteca da SCDL, manuseei livros que tinham a Guiana Francesa do final do século XIX como tema. Em uma das obras, encontrei, inesperadamente, um breve artigo de Sant'Anna Nery (1891), intitulado "O terreno contestado entre a França e o Brasil e a missão Coudreau". Era a primeira vez que via um debate público[9] acerca das ações do geógrafo francês.

---

8 Revendo a bibliografia do livro de Benoit (2000), encontrei referência a um outro atlas, datado de 1899. O título completo dele é o seguinte: *Atlas des voyages au Tapajos, au Xingu et au TocANTins-Araguaya*. As datas entre os atlas são dessemelhantes, restando ainda a dúvida da procedência da carta vista no Itamaraty.

9 Esse texto foi publicado, originalmente, no *Jornal do Commercio*, em 25 de maio de 1891.

Semelhante ao discurso das memórias, o texto buscava pôr um ponto final na "pendência que traz[ia] alvoroçados os diplomatas dos dois países" (Nery, 1891, p.195) e que, se não fosse urgentemente resolvida, "seria capaz de acarretar males piores – o desmembramento e a ruína total da comunhão brasileira" (Nery, 1891, p.193). O que nele mais me atraiu não foram os elementos (científicos) mobilizados para demonstrar os motivos pelos quais as terras em litígio eram, de fato, brasileiras, mas sim a construção de uma imagem pejorativa de Henri Coudreau. Para Nery, o geógrafo (viajante) francês foi um homem que se embrenhou, silenciosa e pacificamente, nos "sertões amazônicos" a fim de fazer renascer problemas que haviam sido solucionados por Joaquim Caetano da Silva décadas antes. Em contraste com este último – um compatriota distinto –, ele era caracterizado como um sujeito parcial, impreciso, estrategista e mentiroso. A seguinte passagem ilustra bem a visão negativa (e irônica) de Coudreau criada por Sant'Anna Nery (1981, p.201):

> O senhor Coudreau precisa como limite do Brasil com a Guiana uma linha verdadeiramente empírica, que poderá cair na raiz de uma montanha tão bem como na divisa das águas; no eixo de um rio como em uma margem; em um campo como em uma povoação; isto é, uma linha, toda hipotética, determinada pela lógica do quero por que quero (p.201).

Pelos livros do Coudreau que havia lido até aqueles dias, não tomei como uma grande novidade sua dita parcialidade, pois esta nunca fora por ele negada. Desde seus primeiros registros de viagem, abundavam evidências de que trabalhava em prol da expansão imperial da França em partes da Amazônia, onde seria possível fundar – assim pensava – a sonhada França Equinocial. Com demasiada parcialidade patriótica, Coudreau postulava, em 1887, na introdução de *Les français en Amazonie*: "nenhuma região do mundo onde vivem os franceses deve ser estrangeira. Todo país onde a França possui grandes interesses de comércio ou de influência merece ser estudado pelos franceses" (p.5).

O interessante é que esse mesmo ufanismo, ao invés de execrado, foi admirado por Nery em outro escrito. Uma incongruência por parte do brasileiro? Imagino que não haja, necessariamente, uma desarmonia com a fala acusatória considerada anteriormente. Digo isso por um aspecto relevante: a louvada admiração de Nery fazia parte de um escrito fixado como prefácio de *La France Équinoxiale* (1887), a mais importante obra de Coudreau. Assim, as qualificações positivas talvez devam ser interpretadas como um recurso textual e político de um homem que se movia diplomaticamente em um terreno movediço. Assumir a figura de um severo crítico não renderia aproximações favoráveis para o Brasil; já ser ameno seria um meio de estabelecer contato com Coudreau para, posteriormente, descobrir quais discussões estavam em curso nas instituições estatais e científicas francesas, como a Sociedade de Geografia de Paris, onde se debatiam as 'descobertas' e 'aventuras' dos geógrafos franceses espalhados pelos continentes do globo.

A diplomacia de Nery pode ser problematizada um pouco mais. O autor não negava a existência de discordâncias entre suas ideias e as do francês no prefácio. Isso era admitido, sem eufemismos, na transcrição de um trecho de um diálogo que ambos travaram durante uma viagem pelo Rio Negro: "Como! Você é o Coudreau do território contestado, o Coudreau cuja cabeça eu demandei?" (Nery apud Coudreau, 1887a, p.IX). Por meio dessa pergunta (manifestamente cômica), ele introduziu os temas principais de sua argumentação: o patriotismo e a ciência. Como patriota, Nery afirmava ser semelhante a Coudreau: portavam-se como "bons cidadãos" ao defenderem, como um "preceito moral" (Nery apud Coudreau, 1887a, p.XII), as posturas de seus governo nas negociações da delimitação das fronteiras contestadas. Já quando a questão em debate era a ciência, as aproximações entre os dois diluíam-se por completo. Nesse quesito, o brasileiro apontava qualificações que posicionavam o francês mais em um polo emotivo que racional; caracterizava-lhe, por exemplo, como um homem corajoso, de percepções audaciosas e escrita elegante, mas não como um verdadeiro cientista (Nery apud Coudreau, 1887a, p.X). Ademais, ainda que acentuasse o teor de "singularidade" e "novidade" das formulações de Coudreau, elencava uma lista extensa de viajantes e estudiosos que o precederam e aos quais devia, inegavelmente, reconhecimento, porque, por explorarem a topografia, a hidrografia, os costumes nativos e as matérias-primas disponíveis (Nery apud Coudreau, 1887a, p.XI), abriram as trilhas para suas considerações econômicas, políticas e sociais.

Após a leitura e análise dos artigos de Sant'Anna Nery, surgiram mais dúvidas: Como Coudreau fora recebido pelos órgãos/indivíduos ligados à Geografia e à História no Brasil? Existiriam artigos de Coudreau publicados pelo IHGB ou pela SGRJ? Quais outros atores participaram da cena final do conflito territorial franco-brasileiro e como eles viram o papel do francês? As duas primeiras perguntas podiam ser respondidas com certa facilidade, uma vez que bastava ter acesso às publicações dos institutos. Já a última guardava maiores problemas, porquanto envolvia o campo das relações internacionais, cujos documentos, em grande parte, estariam resguardados no então inacessível Arquivo Histórico do Itamaraty. Fora este, também poderia contar com o Arquivo Público do Estado do Pará (Apep).

Picada 4: 'imagens' de Henri Coudreau

Fui folhear alguns números e páginas da *Revista do Instituto Histórico e Geográfico Brasileiro* (RIHGB). Nas publicações entre os anos de 1885 e 1900, apareceu somente um artigo sobre o Contestado e seus agentes, qual seja: "O Oyapock: divisa do Brazil e a Guiana Franceza à luz dos documentos históricos", de 1895. Nele, o autor anônimo, reescrevendo a história em favor do Brasil, separava algumas linhas para criticar o "ilustrado senhor Henri Coudreau", qualificando-o de enganador pelo fato de utilizar, em *Les français en Amazonie*, a falácia de que o Tratado de Utrecht, firmado em 1713, carregava uma multiplicidade de interpretações, "todas elas mais inexplicáveis umas que as outras" (Coudreau apud RIHGB, 1895, p.221), e, por isso, era descabido e inaplicável.

Um Coudreau atacado com insultos pelos cientistas e políticos – era isso o que estava presenciando nos documentos do lado brasileiro. Outro evento veio a prolongar ainda mais essa via. Por indicação de um professor, li o artigo "Ciência e política na fronteira amazônica: Emílio Goeldi e o Contestado do Amapá", do pesquisador Nelson Sanjad (2010, p.298-336). Mais um era entrevisto na complexa disputa territorial, Emílio Goeldi, zoólogo suíço e diretor do Museu Paraense. De acordo com Sanjad, Goeldi fora, em 1895, enviado a campo pelo governador do Pará, Lauro Sodré, para verificar se os dados apresentados por Coudreau em *La France Équinoxiale* eram verdadeiros e, concomitantemente, constituir um apanhado "objetivo e desinteressado" (Sanjad, 2010, p.308), isto é, científico, sobre o ambiente natural e as populações locais para a geografia feita no Brasil, que só possuía a seu favor o legado histórico organizado por Joaquim Caetano da Silva (1861). Em consonância com os dizeres e projetos dos brasileiros, o suíço rechaçava os estudos de Coudreau, uma vez que eles, por mera leviandade, incorriam em erros geográficos e cartográficos, eram insuficientes, superficiais e, como se não bastasse, impingiam um sentimento de pertença à França naqueles que eram, e sempre desejaram ser, brasileiros.[10]

O artigo de Sanjad (2010) não apenas me mostrou a presença do zoólogo no cenário político-científico, mas também sinalizou um dado prático: como pensara, existiam materiais relativos ao Contestado no Arquivo Histórico do Itamaraty, como os ofícios trocados entre o Barão do Rio Branco e Goeldi de 1898 a 1900. E isso não é tudo. A leitura desse texto me fez repensar, uma vez mais, meu objeto. Queria descrever o processo de mapeamento das fronteiras das terras do norte brasileiro com a Guiana Francesa partindo de um nó específico da rede, as viagens dos Coudreau. À procura de detalhes

10 "O que o Senhor Henri Coudreau escreveu acerca das simpatias para a França é grossa mentira; a gente de Cunani ficou indignada quando li os respectivos trechos do livro de Coudreau" (Goeldi apud Sanjad, 2010, p.310).

sobre as andanças do casal, pressentia que havia muitos outros nós a serem considerados, como a ciência dos cientistas brasileiros e franceses, o discurso dos diplomatas, a vigilância territorial dos militares, as falas dos habitantes fronteiriços e os interesses de instituições arquivísticas que transformaram em artefatos documentais as folhas de papel que circularam durante a delimitação.

O problema é que não sabia como fazer para estudar empiricamente todas essas associações. Tinha consciência, por exemplo, de que Coudreau fora apropriado de modos distintos, sendo legitimado por alguns e por outros, não.[11] Entretanto, escassas eram as fontes que me permitiam traçar os pontos de vista que se diferenciavam de um grupo de concepções brasileiras; sem contar que não tinha acesso aos arquivos diplomáticos da época (arquivos que iluminaram as pesquisas sobre ciência e política de Nelson Sanjad). Além disso, não cogitava apenas reler as narrativas de viagem do francês por dois motivos principais. Primeiro, porque não queria operar com fatos terminados, fechados. Ao contrário disso, gostaria de manipular registros que me permitissem analisar os rastros apagados daquilo que, posteriormente, se tornou livro, obra, narrativa, mapa ou fronteira. Segundo, porque a leitura das obras já havia sido feita por Sebastien Benoit (2000), que elaborou uma história sequencial e biográfica das 'aventuras científicas' do viajante.

Picada 5: arquivos de Belém

Em um cenário de impossibilidades, Belém tornou-se um lugar de importantes decisões para minha pesquisa. Meu objeto estava em vias de sofrer grandes transformações e os arquivos dessa cida-

11 No necrológio escrito por E.T. Hamy no *Journal de la Société des Américanistes de Paris*, em 1901, há uma defesa dos estudos de Coudreau. Cito: "Henri Coudreau era um dos mais populares entre os exploradores contemporâneos; todos das Sociedades de Geografia conheciam-no e apreciavam-no [...]. Seus livros são, como seus discursos, cheios de ensinamentos interessantes e úteis, de episódios espiritualmente detalhados, de visões originais e bem pessoais". (p.186).

de ditariam, com efeito, o que eu deveria fazer. Estabeleci contato com o Museu Paraense Emílio Goeldi (MPEG), com o Apep e, por fim, com a PCDL. No primeiro deles, não tive acesso a nenhum documento. Já no segundo, pude manipular algumas caixas de documentos, as quais estavam relacionadas em pastas que traziam indicações do que cada uma delas guardava. Aparentemente, esse índice resolveria o problema de organizar o caos de papéis que seriam abertos em cima da mesa. A partir da leitura dessas pastas, escolhi seguir o fundo "Secretaria da Presidência da Província". Das várias séries, uma convergia para o meu projeto: os "Ofícios sobre a questão de limites". Sob essa designação, selecionei quatro caixas. Estas compunham, se vistas apenas em seu conjunto serial, uma história linear das fronteiras do norte brasileiro de 1841 a 1887. No entanto, quando abertas, elas subverteram suas séries, mostrando-me correspondências, memórias, bilhetes avulsos, relatórios de viagem, despachos, eventos e instrumentos que não constituíam uma totalidade domesticada. O caos não estava resolvido, portanto.

As caixas traziam escritos relacionados a diferentes países, sendo necessária a realização de algum tipo de recorte. Optei por verificar apenas os documentos referentes à Guiana Francesa. A maioria deles, embora fosse rica em detalhes sobre o processo de formação e negociação da fronteira franco-brasileira, não oferecia ferramentas para pensar os mapas construídos pelos Coudreau nem trazia informações interessantes para refletir a respeito da geografia/cartografia produzida no período. Apenas a caixa com ofícios de 1880 a 1887, cuja quantidade de páginas era drasticamente menor que a das outras, citava, em alguns papéis, o nome do geógrafo francês e suas relações com o governo brasileiro, especificamente com a Província do Grão-Pará.

Sem vislumbrar meios de continuar a pesquisa no Apep, resolvi assumir a PCDL como base para aquilo que seria o meu novo projeto de dissertação.

Picada 6: rumo à comissão demarcadora de limites

Com os Coudreau, minha pesquisa aproximava-se das questões que diziam respeito às delimitações de fronteira, em especial à definição dos territórios entre o Brasil e a Guiana Francesa. Já com a Comissão,[12] o enfoque modificou-se. Não trabalharia mais com histórias de delimitação, mas com histórias de demarcação de fronteiras. E nisso não havia somente um câmbio de termos. Delimitar e demarcar fronteiras, além de marcadas, quase sempre, por uma diferença temporal, eram ações atravessadas por questões e relações absolutamente distintas. Primeiramente, delimitava-se, depois, demarcava-se. Dizendo de maneira bem sucinta, para delimitar uma fronteira, os representantes dos países em litígio reuniam-se e, após vários trabalhos e negociações, constituíam um tratado ou acordo de limites, no qual eram definidas, em comum acordo, as áreas de fronteira. Essas áreas podiam estar assentadas em limites considerados naturais, como rios (nascentes, parte mais profunda, confluências, desembocaduras) e montanhas, ou, em outros casos, em limites artificiais, dos quais se conheciam algum tipo de localização geográfica, mesmo que aproximadamente. Feitas as delimitações, passava-se para uma outra etapa: a demarcação, ou seja, a "inscrição do limite – referido também como linha divisória – na

12 Denomino a Primeira Comissão Demarcadora de Limites, muitas vezes, como Comissão. Faço isso por duas razões: primeiramente, porque me possibilita utilizar um nome mais curto e também fugir do emprego de uma sigla (PCDL); em segundo lugar, e esse é o mais relevante, porque Primeira Comissão Demarcadora de Limites é a designação que essa instituição passou a ter apenas em 1973; antes disso, ela possuía outros nomes, dentre os quais, Comissão Brasileira Demarcadora de Limites. Esta última, aliás, é a que apresento no título desta dissertação. Para uma melhor apreciação do processo de mudança de denominação das comissões demarcadoras brasileiras, ver as seguintes legislações referentes aos serviços de fronteira: Portaria S/N, de 21 de janeiro de 1928, do Ministério das Relações Exteriores (MRE); Decreto n.23702, de 4 de janeiro de 1934; Decreto n.24305, de 29 de maio de 1934; Portaria S/N de 12 de janeiro 1939 do MRE; Decreto-Lei n.1171, de 24 de março de 1939; Portaria n.357, de 15 de março de 1973.

geografia [local], mediante a edificação de marcos" (Golin, 2002, p.9).

A Comissão era responsável pelo cumprimento do segundo passo. Essa instituição, conforme consta em alguns documentos, era coordenada por um chefe de alta patente militar. Havia também um subchefe, costumeiramente militar, e outros variados funcionários, civis ou não: vigilantes, motoristas, engenheiros cartógrafos, geógrafos, desenhistas, técnicos em mecânica, bibliotecários, administradores, contabilistas, dentre outros.[13] A Comissão preparava tudo aquilo que devia ser posto em prática nas chamadas campanhas demarcatórias, período em que alguns funcionários efetivos (denominados demarcadores ou comissários/comissionários), juntamente com trabalhadores contratados temporariamente, iam para o campo (a fronteira instituída nas delimitações) implantar marcos. Das campanhas, os demarcadores retornavam com os dados que se tornariam, depois de um conjunto extenso de ações de agrupamento, cartas de demarcação das linhas limítrofes.[14]

Enquanto no caso das missões científicas dos Coudreau não havia conseguido visualizar praticamente nada, no das demarcações, deu-se exatamente o oposto: mantive-me constantemente próximo de coisas que se reportavam, de alguma maneira, ao ato

13 A seguinte hierarquia prevalecia, pelo menos teoricamente, no interior da Comissão: 1. Chefe; 2. Subchefe; 3. Ajudante, secretário, médico; 4. Comandante do contingente, auxiliar técnico; 5. Encarregado das comunicações, farmacêutico, encarregado do material; 6. Topógrafo; 7. Cartógrafo; 8. Fotocinematografista; 9. Intérprete; 10. Auxiliar administrativo de 1ª classe; 11. Auxiliar administrativo de campo de 1ª classe; 12. Auxiliar administrativo de 2ª classe; 13. Auxiliar administrativo de campo de 2ª classe; 14. Datilógrafo de 1ª classe; 15. Datilógrafo de 2ª classe; 16. Sargento do contingente, telegrafista, almoxarife, motorista chefe; 17. Enfermeiro; 18. Fotógrafo auxiliar; 19. Capataz chefe; 20. Motorista; 21. Ecônomo; 22. Auxiliar de telegrafia; 23. Prático; 24. Auxiliar de motorista; 25. Auxiliar de enfermeiro; 26. Capataz; 27. Soldado; 28. Trabalhador (Caixa "Boletins 1934-1946". Boletins 1939, mês de setembro).

14 Certos temas desse parágrafo reaparecerão com mais detalhes nos três capítulos desta dissertação. Por ora, pretendo apenas apresentar sucintamente a Comissão e sua função diferenciada em relação aos trabalhos de delimitação.

de instalar marcos. Na Comissão, estavam arquivados relatórios e fotografias das campanhas de demarcação que foram realizadas nas fronteiras do Brasil com a Colômbia, o Peru, a Venezuela e as Guianas (Neerlandesa, Francesa e Inglesa) a partir da década de 1930, mapas, livros raros, materiais de contabilidade, boletins anuais. Havia também um pequeno museu de instrumentos técnicos utilizados pelos demarcadores e de artefatos de indígenas da região norte.

Perante tão grande variedade de material, surgiu a necessidade de definir um tema, um período, ou melhor, de abrir um caminho para manipular parte dos artefatos documentais. Não foi uma tarefa fácil para mim, pois desconhecia, por completo, os trabalhos de demarcação realizados pela Comissão. Como tinha lido anteriormente algo sobre a questão da fronteira na altura da Guiana Francesa, comecei a analisar os relatórios voltados para essa região. Da análise, notei que seria bastante interessante estudar como aconteciam as campanhas, isto é, quais instrumentos técnicos eram mobilizados. Dito de outro modo, percebi que poderia ter algum rendimento pensar sobre o que fazia a Comissão, sobre o que estava em jogo nas demarcações. E, novamente, veio a ideia de seguir, mas, dessa vez, de seguir demarcadores e objetos nas campanhas.

Fiz um recorte temporal: 1928 a 1947.[15] Apesar de sua extensão, não pretendia abarcar tudo aquilo que a Comissão fizera ao longo desses anos. Não queria também, com o argumento de estar fundamentado em muitos materiais, encerrar as demarcações da Comissão em um conceito hermético, e terminar dizendo: "demarcar é isso ou demarcar é aquilo". O recorte foi feito com base em algumas questões que eu gostaria de refletir. Queria pensar sobre a fundação da Comissão e, para isso, precisava voltar a 1928. Queria também expor algo sobre a participação dos comissionários em um congresso de geografia ocorrido em 1940. Tinha interesse em apresentar

---

15 Não fiz um recorte com relação a uma fronteira específica. No entanto, no desenvolvimento da dissertação, fica visível que faço mais uso do material advindo da Venezuela e da Guiana Britânica. Isso se deu apenas pelo fato de que pude averiguar, com mais cuidado, os relatórios dessas áreas.

acontecimentos variados que ocorriam durante as expedições dos demarcadores e não estavam circunscritos a apenas uma campanha. Gostaria de poder acionar, de algum modo, as referências aos documentários cinematográficos. Além dessas minhas questões, havia uma outra: a partir de 1929, a Comissão foi coordenada por um mesmo chefe, o qual organizou as primeiras equipes que encabeçaram as atividades demarcatórias. Esse chefe também estimulava, como mencionavam antigos boletins internos, a produção de material arquivístico, e isso muito me chamou a atenção.

A valorização dos arquivos por tal chefe levou-me a refletir sobre o lugar ocupado pelos materiais que vararam décadas e que estavam ali, diante dos meus olhos, à altura das minhas mãos. Os relatórios, mapas, croquis, fotos, como fui compreendendo tanto pela 'leitura' deles quanto pelas pistas deixadas nos Boletins, compunham, antigamente, uma espécie de 'arquivo de trabalho', cuja função era servir de apoio a todo aquele que necessitasse de algum tipo de dado acerca das demarcações, dos rios, das cidades fronteiriças ou de assuntos afins. Ele estava sob os cuidados de um funcionário que registrava, "cuidadosamente em um livro especial", todos os documentos removidos das estantes, a hora em que foram retirados e o tempo pretendido de consulta. Permitia-se consultar apenas dentro do próprio prédio da instituição. Nada saía dos seus muros. Pelo menos era isso que estipulava uma das normas de funcionamento da biblioteca, publicada em 21 de dezembro de 1945, em que se afirmava que o arquivo era "indispensável à boa marcha dos serviços da Comissão e à manutenção do ótimo conceito em que ela [era] tida".[16]

O arquivo que manipulei em 2011 não era o mesmo que fora pensado por volta dos anos 1940. Já não era mais um 'arquivo de trabalho' (ou era de maneira bem distinta). Não havia, por exemplo, demarcadores demandando-o constantemente; aliás, não havia

16 Caixa "Boletins da Comissão, 1934-1946". Boletins de 1945, mês de dezembro.

tantos demarcadores como anteriormente.[17] Ademais, profissões que antes eram muito importantes para a conclusão das longas demarcações extinguiram-se.

Diminuiu-se a quantidade de profissionais, profissões desapareceram, mas parte dos papéis feitos pelos funcionários da Comissão dos anos 1928 a 1947 continuava em Belém, sobretudo aqueles que não sofreram com as agruras do tempo, que foram bem acondicionados. Estavam lá compondo um arquivo aberto a um público que, na maioria das vezes, não pertencia ao quadro de funcionários da instituição, como historiadores, antropólogos, geógrafos e bibliotecários. Tal público podia manipular, experimentar, visualizar – sem nunca ter posto os pés nas linhas de fronteira, sem nunca ter participado de uma campanha – as múltiplas fronteiras (móveis) fabricadas, materialmente, pelos demarcadores e seus instrumentos.

Uma experiência de leitura da experiência

Apresentadas as picadas que abri até chegar à 'picada Comissão', na qual fiz uma delimitação para melhor apreciar os materiais lá disponíveis, indico, de maneira pontual, o objetivo principal desta dissertação: acompanhar/seguir os demarcadores e objetos em ação nas campanhas e no escritório da Comissão, a fim de tecer uma descrição capaz de recriar as relações (sociais) constituídas entre diferentes agentes nas demarcações de fronteira entre 1928-1947. Realizo esse 'seguimento' a distância, em 2011-2012, dentro de uma sala, fechando e abrindo pastas, fotografando, salvando imagens no computador. Os campos dos demarcadores eram os terrenos de fronteira, muitos deles localizados no interior da Flores-

17 Atualmente, são necessários apenas alguns técnicos para realizar a chamada densificação ou caracterização das linhas de fronteira. Segundo Golin (2002), "densificar uma linha de fronteira é erguer marcos entre os marcos principais nas fronteiras secas [...]. [É] uma atividade permanente e tem como critério a intervisibilidade dos marcos (de um deles, pode-se ver o próximo, sem o auxílio de instrumentos)" (p.10).

ta Amazônica. Já o meu campo é o arquivo que foi arquitetado com as 'coisas' vindas das demarcações e que se tornaram 'artefatos de conhecimento' sobre as fronteiras do norte brasileiro.

O termo 'artefato' é bastante importante para a minha abordagem. Consonante às reflexões de Strathern (1990, p.25-44) e Cunha (2010, p.97-138), compreendo os documentos, eventos e informações sobre o trabalho de demarcação, não como portadores de verdade, mas como artefatos carregados de "criação, encontro, multiplicidade e associações" (Cunha, 2010, p.101). Eles são tratados como objetos relacionais, uma vez que se "enredam e se referem a várias outras coisas" (Cunha, 2010, p.101), tais como: ciências geográfica e cartográfica, tecnologias de medição (outros objetos), pessoas, congressos, instituições, práticas diferenciadas, autoridades militares. Testo maneiras possíveis de me aproximar desses artefatos, sem preocupar-me, contudo, em concatenar fatos que constituiriam a história das demarcações ou a história da Comissão. Não vou em direção aos relatórios e fotos com o intuito de "reconstituir, a partir do que dizem [...] – às vezes com meias-palavras –, o passado de onde emanam e que se dilui, agora, bem distante deles", o que, como mostra Foucault (2010, p.7, grifos meus), seria feito por um modelo de história que se apropria dos documentos como se estes fossem "matérias inertes". Em outras palavras, distancio-me das abordagens que tendem a tomar os documentos como repositórios de fatos 'brutos' e, em contrapartida, estabeleço um diálogo com as análises que demonstram, de uma perspectiva foucaultiana, que "é preciso conceber os conhecimentos que compõem os arquivos como um sistema de enunciados, de verdades parciais, interpretações histórica e culturalmente constituídas – sujeitas à leitura e novas interpretações" (Cunha, 2004, p.292).[18] Ciente da importância dessas considerações, procuro apontar, minimamente, a arbitrariedade de alguns conjuntos arquivísticos – como pastas que organizam e 'historicizam' documentos diferenciados –, assim

18 Para uma apreciação geral acerca dos trabalhos de antropólogos em arquivos, ver Riles, 2006, p.1-38.

como experimento desagrupar certos relatórios, caixas, álbuns de fotos, eventos, até então amarrados/colados por uma mesma encadernação ou invólucro, e, por conseguinte, conecto-os a outros agrupamentos de artefatos, obtendo múltiplas 'imagens' e relações para descrever/interpretar, parcialmente, as práticas que envolvem os demarcadores e os objetos em campanha nas fronteiras. Esse é, por exemplo, um dos exercícios analíticos e metodológicos que realizo no Capítulo 2.

Acopladas a essa maneira de lidar com o material de arquivo, vêm as teorias que mobilizo para efetivar uma experiência (possível) de leitura da experiência. Deliberadamente, escolhi percorrer certas 'picadas teóricas' e abandonar outras (também possíveis). Falo, primeiro, destas últimas. Deixo de lado as discussões que, em certa medida, tratam a construção de fronteiras – as linhas que dividem povos – como políticas estatais de administração e controle, através das quais as "zonas de conflito" (Lima, 1995, p.14) são supostamente pacificadas. As fronteiras, ainda nessa vertente, também podem ser entendidas como propulsoras da formação do próprio Estado: "um Estado que, ao mesmo tempo em que se forma, se impõe: gesta e gerencia, mas é gestado e gerido" (Leirner, 2003, p.195). Não recorro a estudos que se preocupam em formatar uma história da constituição das fronteiras do território brasileiro (Furquim, 2007, p.IV) e tratam os arquivos apenas como fontes de dados. Não sigo temáticas recorrentes na "geografia política clássica" para pensar a respeito das linhas fronteiriças: frentes de expansão, proteção e manutenção territorial, modelos de povoamento, estratégias de controle das rotas de circulação, exploração de recursos naturais (Furquim, 2007, p.III). Da geografia, interesso-me por alguns artigos produzidos em meados da década de 1940 por Alírio de Matos, geógrafo que era lido e utilizado pelos funcionários da Comissão em suas atividades de campo, principalmente no tocante às medições astronômicas, e também pela 'geografia' feita pelos próprios demarcadores. Por fim, não me dirijo aos caminhos abertos pela história da cartografia, sobretudo aos que foram feitos pelo estudioso John Brian Harley, para o qual os mapas, de qualquer época e tipo, são construtos sociais cobertos por uma capa retórica que esconde os jogos de poder nos quais eles estão imersos (Harley, 2005, p.63-5). Por meio de categorias sociais, Harley explica tudo aquilo que compõe um mapa, ou melhor, explica o mapa.[19] Diante desses 'nãos', alguém poderia mencionar que mantenho distância de vias que, embora de modos distintos, tocam diretamente na temática das fronteiras e que, por isso, seriam, quem sabe, uma entrada mais fácil no campo da demarcação dos limites internacionais brasileiros. De certa forma, eu concordaria. Todavia, acrescentaria que só poderia aproximar-me das picadas abandonadas caso tivesse outro objetivo ao manipular os artefatos documentais resguardados no arquivo da Comissão. É relevante salientar esse ponto pela simples razão de que não há uma hierarquia entre a minha opção e os outros modos de análise.

Qual é, pois, a teoria que embasa minha experiência de leitura? Estabeleço um forte diálogo com a Actor Network Theory (ANT), especificamente com certas conceituações e ferramentas metodológicas desenvolvidas por Bruno Latour, Annemarie Mol e John Law. A ANT é comumente aplicada em estudos de laboratórios científicos e tecnologias, mas é pouco afeita às pesquisas inteiramente dedicadas a arquivos. Isso não quer dizer, porém, que não existam trabalhos que utilizem artefatos mantidos em arquivo e, concomitantemente, lidem com o léxico e os modelos descritivos cunhados e disponibilizados pela ANT. Como exemplo disso, cito *Les microbes: guerre et paix* (1984), de Bruno Latour. Nele, o autor, a partir de três revistas – *Revue Scientifique, Annales de l'Institut Pasteur, Concours Medical* –, objetiva responder "o que deveria reunir uma sociologia capaz de compreender e explicar uma bacteriologia" (Latour, 1984, p.16). São revistas que compõem diferentes 'arquivos de artigos' relacionados à questão da "pasteurização". Latour só dedica duas páginas para falar de seu material de pesquisa, designado, por ele, como "fonte" ou "base documental" (Latour, 1984,

19 Nas considerações finais, discuto, detalhadamente, as propostas analíticas desse autor e o porquê de não trabalhar com elas.

p.16-7) – o que, a meu ver, denota a ideia de que esse arquivo é um repositório de informações. Não é, porém, o trato dado aos artefatos de arquivo que me interessa na perspectiva latouriana da "pasteurização". É, sim, sua maneira de traçar as relações da complicada rede que se formou entre pastorianos, higienistas, médicos, micróbios etc., e de demarcar as controvérsias, os pontos de encontro ou os agentes que entram e saem de cena e deixam suas marcas.

Em sua descrição, ressoa, de página em página, uma afirmação expressa no início do livro: "nós não sabemos os atores [actantes] que compõem nosso mundo" (Latour, 1984, p.15). Tal afirmativa vai de encontro às vertentes da sociologia das ciências que, por acreditarem saber de que a sociedade é composta (grupos, vontades, conflitos de interesses), permanecem "surda[s] às lições dos próprios atores". E continua: "Se se quer seguir a lição [dos atores] e ainda se chamar sociologia, é necessário redefinir essa ciência, não como aquela do social, mas como aquela das associações". (Latour, 1984, p.48). Essa também é uma das temáticas mais fortes de *Reassembling the social*, publicado em 2005. Na esteira da obra anterior, Latour diz:

> Se a maioria dos cientistas sociais preferiria chamar "social" a uma coisa homogênea, é perfeitamente aceitável designar com o mesmo termo uma sucessão de associações entre elementos heterogêneos. Dado que em ambos os casos a palavra retém a mesma origem – da raiz latina socius –, é possível manter-se fiel às intuições originais das ciências sociais ao redefinir a sociologia não como a "ciência do social", mas como o rastreamento de associações. Neste significado do adjetivo, o social não designa algo entre outras coisas, como uma ovelha negra entre ovelhas brancas, mas um tipo de relação entre coisas que não são sociais em si mesmas. (2008 [2005], p.19, grifos do autor.)

Adotando a sugestão latouriana, rastreio, minimamente, as múltiplas associações que são criadas entre elementos heterogêneos nas demarcações de limites. Para efetuar tal empreitada, aproximo-

-me de uma outra postura da ANT: ir aos 'fatos' enquanto eles não estão completamente estabelecidos, isto é, frequentar a construção, que é um "processo lento e prático", marcado por procuras, reconhecimentos, concordâncias e refutações (Latour & Woolgar, 1997, p.266). Nas demarcações protagonizadas pela Comissão, a construção encontra lugar dentro do escritório e nas campanhas, onde homens e objetos agem e perfazem as fronteiras de maneiras distintas e com metas variadas. Assim sendo, ao observar a ação dos demarcadores, observo também como as fronteiras acontecem na prática, como elas são fabricadas e manipuladas na relação constante entre humanos e não humanos.[20] Ressalto, ainda, que, aliados às noções de associação, prática e ação, estão os termos agente, mediador e intermediário, todos integrantes do vocabulário usual da ANT.

Essa é apenas uma síntese das minhas escolhas teóricas. Vez ou outra, elas são retomadas no desenvolvimento do texto, sendo acrescidas de questões e aspectos relevantes para a organização dos meus argumentos. Dito isso, resta somente delinear como sigo os demarcadores e objetos em cada um dos capítulos. No primeiro deles, narro como o chefe da Comissão trasladou as fronteiras demarcadas e o evento de fundação da instituição para o IX Congresso de Geografia, ocorrido em 1940. Pode-se imaginar que seja um capítulo histórico, todavia não o é. Como escreve Latour (1997, p.103), os historiadores "[p]odem construir histórias nas quais uma coisa é o 'sinal' de uma outra e em que as disciplinas e as ideias 'brotam', 'amadurecem' ou 'secam'". Diferente deles, "[n]ão tent[o] produzir uma cronologia precisa dos acontecimentos [...], ou saber 'o que realmente aconteceu'" (Latour & Woolgar, 1997, p.103). Ao voltar ao 'evento fundação', assumo a perspectiva de Strathern (1990, p.25-44) de que eventos devem ser compreendidos também

20 Vale dizer que não faço uso de nenhum conceito de fronteira ou limite. Interessa-me saber como eles são praticados. Noto, ainda, que esses dois termos aparecem como sinônimos nos relatórios e, por isso, ora falo de limites, ora falo de fronteiras, sem estabelecer diferenciações. Já na literatura geográfica ou historiográfica, limites e fronteiras são apreciados como termos distintos. Para uma definição de ambos, ver Golin, 2002, p.9-93.

como artefatos, isto é, como sendo permeados de recriações e atuações das pessoas que os manipulam. É nesse sentido que descrevo o modo pelo qual o chefe "usa o evento" fundação e, simultaneamente, inventa a Comissão. No segundo capítulo, o foco são os objetos. Numa campanha imaginária, crio, a partir de junções artificiais entre fotos e relatórios, pequenas narrativas e causos sobre campanhas. Tais artifícios narrativos são, nos dizeres de Latour (2008, p.117), "truques para fazer falar [os objetos], quer dizer, fazê-los oferecer descrições de si mesmos". Por tal razão, eles são fundamentais para o conhecimento das demarcações e suas 'coisas'. O último capítulo é dedicado à oficina de desenho cartográfico e a tudo aquilo que vai das missões demarcatórias para o escritório; os mapas e o arquivo de fronteiras são seus protagonistas. Em cada um dos capítulos, ainda que se mude a escala para refletir acerca da Comissão e suas demarcações (uma Memória, unicamente; vários relatórios e fotos; alguns mapas e poucos relatórios), obtendo, assim, efeitos diferentes na modulação, a 'quantidade' de complexidade de ambas permanece constante: "uma 'pequena' coisa pode dizer tanto quanto uma 'grande' coisa", como alerta Strathern (1991, p.xix).[21]

Sigamos, enfim, com os demarcadores e objetos em campanha.

21 Marilyn Strathern ainda pontua: "To suggest that the 'quantity' of information thereby remains constant is to suggest that the intensity of perception is a Constant. The single person is as complex to analyse as a corporation composed of many" (1991, p.xix).

1
MODOS DE NARRAR OU UMA FICÇÃO HISTÓRICA DA COMISSÃO

Definindo estratégias descritivas: dois modelos

No dia 21 de janeiro de 1928, foram criadas, com o auxílio do chanceler Otávio Mangabeira, as comissões de limites das fronteiras norte, oeste e sul do Brasil, as quais estariam ligadas ao Serviço de Fronteiras do MRE. A função a elas designada talvez soe, para um observador de 2011, como sendo clara e simples: fincariam marcos nos limites fronteiriços brasileiros estabelecidos pelos acordos ou tratados internacionais de delimitação. A provável simplicidade deve ser acentuada pelo fato de que se pode imaginar que, se comparadas com as difíceis, conturbadas e controversas histórias de delimitação territorial, antecedentes ao processo demarcatório e marcadas por lutas políticas, econômicas e sociais entre os países que desejavam ter para si determinados trechos de água ou terra, as atividades de demarcação seriam extremamente fáceis. Um suposto conhecedor dos trâmites jurídicos sobre as questões de fronteira poderia afirmar que nas demarcações já estariam prefixados, em atas e cartas geográficas distantes do cenário das contendas, os territórios, bastando, portanto, que as nações amigas enviassem seus respectivos funcionários ao devido local, a fim de que lá implantassem o marco de pedra, cimento ou madeira. Mera ingenuidade. Digo isso por dois motivos.

Um primeiro (e fundamental) relaciona-se à ínfima quantidade de materiais que descreviam a linha de fronteira. Os protocolos de delimitação, por exemplo, em sua maioria definidos no final dos oitocentos e início dos novecentos, tiravam suas conclusões a partir de mapas e relatórios de viagem que, aos olhos de um demarcador de 1928, estavam, muitas vezes, permeados de informações imprecisas e incompletas sobre os rios, os povoados, as vegetações e os regimes climáticos. É certo que para a produção das memórias das terras em litígio foram feitas também viagens científicas com o objetivo específico de adquirir dados verossímeis.[1] Todavia, tais pesquisas restringiam-se a pontos bem circunscritos – a nascente de um rio x ou y, a confluência z, a montanha w –, deixando de lado toda a região circunvizinha e, notadamente, os pequenos detalhes. Também não há dúvida de que esses materiais, mesmo problemáticos, serviram de subsídio para as campanhas demarcatórias, especialmente para as que se realizaram nos anos subsequentes à fundação da Comissão.[2]

É importante considerar, ainda, que não pode ser generalizada a ideia de que as operações delimitatórias deram-se exclusivamente num cenário de disputas litigiosas. Há alguns casos em que isso não

1 O caso de Emílio Goeldi ilustra bem esse ponto. O zoólogo, como mostrei na introdução, foi contratado pelo governo brasileiro para realizar pesquisas nas fronteiras do Brasil com a Guiana Francesa. Os resultados dessas pesquisas foram utilizados para a constituição das memórias do tratado de delimitação escrito pelo Barão do Rio Branco, em 1900. Para uma análise dos trabalhos de Goeldi, ver Sanjad (2010, p.300-36). Sobre um apanhado das discussões a respeito da fronteira da Guiana Francesa com o Brasil, ver Viana (1948, p.208-218).

2 Ao levar esses mapas para campo, os demarcadores estavam abertos a testá-los: poderiam ou não corresponder à 'realidade' da fronteira, mas isso só se saberia na prática. A imprecisão ou precisão não eram tomadas como um dado fechado. Há que se dizer, porém, que, lendo os relatórios, encontrei muitas menções a cartas antigas que foram retificadas pelos comissionários. No Capítulo 2, voltarei a essa questão, especificamente no tópico denominado Deslocamento 7: Entre mateiros e técnicos.

ocorreu ou foi de ocorrência menos marcante, se cotejados àqueles das Guianas Francesa e do Uruguai.[3] As negociações entre o Brasil e o Suriname podem ser vistas como um tipo de decisão territorial pacífica e favorável para ambas as partes. Como salienta J. M. Engel (1968), não houve abertura para controvérsias porque essa área fronteiriça era praticamente despovoada, além de não ter sido caracterizada, pelo governo brasileiro, como um espaço propício para o contrabando de mercadorias e matéria-prima. A Venezuela também poderia estar alocada no rol das transações tranquilas, pois até os anos de 1960 inexistiam discordâncias acirradas em relação a seus limites com o Brasil. Entretanto, em outubro de 1962, a partir de um sobrevoo pela fronteira feito por profissionais representantes dos dois países, surgiu o problema do Pico da Neblina: este pertenceria mesmo ao Estado brasileiro? A controvérsia escapou do âmbito do MRE e chegou até a imprensa, alcançando uma amplitude não esperada. Sua resolução se deu no ano de 1965, quando os demarcadores reafirmaram, através de dados científicos, que o pico era, de fato, brasileiro. Mas o ponto que desejo focalizar não diz respeito unicamente ao aspecto da ausência de contenda, posto que esta, mesmo que inexista nos planos políticos e jurídicos mais gerais, pode estar presente nas missões demarcatórias propriamente ditas. Há algo implícito nos exemplos que me possibilita aproximá-

3 Não é necessário ater-me à questão fronteiriça da Guiana Francesa, pois foi explorada anteriormente. Apenas cito que Engel (1968) enfatiza o problema de os franceses desejarem, durante longos anos, "levar seus domínios até o Amazonas" (p.7), o que protelou bastante a finalização das negociações de limites fronteiriços. No caso do Uruguai, Engel (1968) afirma que foi uma das regiões fronteiriças que exigiu maior quantidade de Atos Internacionais para a sua completa fixação. Foram séculos de transações, muitas vezes conflituosas. Ele ainda acrescenta que "uma fronteira viva como a nossa com o Uruguai constitui-se problema permanente de fronteira. Independente da existência do 'Estatuto Jurídico da Fronteira' para os dois países, regulando todo o procedimento quer das autoridades diversas e quer dos cidadãos, não raro, surgem problemas que o bom senso e a decisão das autoridades não permitem se avultem transformando-se em problemas internacionais. No contrabando reside o maior número deles" (p.21). Para uma análise histórica da delimitação das fronteiras do sul do Brasil, ver Golin (2002).

-los dos outros fatos: uma vez que esses territórios não despertavam amplos interesses, pouco se conhecia sobre eles. Abundavam lacunas, existiam, ali, espaços carregados de mistério, solidão, selvageria e longinquidade, para aludir a adjetivações recorrentes em histórias de viajantes que passaram pela Amazônia.[4]

Como era um lugar incógnito, cabia aos demarcadores, então, reconhecê-lo ou, até mesmo, inventá-lo. Eis o segundo motivo. Reconhecer ou inventar uma fronteira não era tarefa fácil. Ao contrário disso, era extremamente exigente: ambas as ações demandavam a participação de vários sujeitos atentos, pacientes e dispostos, habilidades práticas, negociação, domínio de teorias, força física, dentre outros. Elas também requeriam a atuação efetiva de objetos, como instrumentos de medição, alimentos, meios de transporte, máquinas fotográficas e sistemas de radiotransmissão, isso porque tais objetos realizavam, numa leitura extremamente supérflua, coisas que a sensibilidade e a sapiência humana estavam impossibilitadas. Nesse sentido, os demarcadores, diante do sertão norte a ser desbravado, esquadrinhavam os espaços armados com os saberes e as tecnologias das ciências geográfica, botânica e cartográfica. Nos termos de Deleuze & Guattari (1997, p.179-214), eles alisavam os lugares anteriormente estriados pelos habitantes locais (os chamados "caminhos de índios") e, logo após, (re)estriavam-nos novamente, dando-lhes nomes e caracterizações 'científicas' próprias.

Por que começar este capítulo refletindo sobre a importância de se pontuarem os aspectos dificultosos ou complexos que perpassam os domínios da demarcação? Por que falar de regiões desconhecidas ou indicar, sem profundidade, debates que tendem a se inserir no campo da ciência e tecnologia?

---

4 Assim diz um certo tenente Francisco Xavier Lopes de Araújo, em fins dos oitocentos: "Essas regiões longínquas, misteriosas e solitárias, privadas de recursos, submissas às hordas selvagens dos maracanãs, dos quirixinás e outros mais, que as infestam, as solidões do Parima permanecerão inacessíveis ao homem civilizado e envoltas no mistério que as têm até aqui revestido. [...] O imprudente que se aventurasse a penetrar essas regiões inóspitas com uma verdadeira expedição, pagaria com a vida essa audácia, ou seria obrigado a retroceder sem haver atingido seu objetivo" (Rice, 1978, p.19).

Volto-me para essas questões com a pretensão de esboçar ou experimentar uma maneira particular de contar a história do que vinha a ser ou de como operava a Comissão Demarcadora de Limites. Nada me impediria de ir ao encontro de um modelo narrativo bastante comum nos textos que tratam de tal instituição: caracterizar o contexto de sua formação; especificar seus papéis como organização do Estado; sublinhar as mudanças ocorridas em seu interior ao longo dos tempos (como transformações na denominação, adequações administrativas, trocas de diretoria etc.); elencar os trabalhos que lhe foram demandados e, posteriormente, executados; referenciar os movimentos atuais nos quais ela está inserida. Não há, é claro, a necessidade de se concatenarem os tópicos nessa ordem, sem contar que outros também poderiam ser acrescentados, o que acarretaria poucas modificações na estrutura como um todo.

Esse tipo rotineiro de abordagem produz a (aparente) impressão de uma história total da Comissão, pois revela grande parte daquilo que esta foi capaz de realizar com maestria desde sua fundação. Contudo, põe à margem personagens que tiveram importante presença durante a efetivação de muitas ações. Os demarcadores não destacados na hierarquia, por exemplo, são, quase sempre, deixados de lado, forjando a imagem de que somente os chefes (os diretores gerais) foram os responsáveis por tudo aquilo que esteve em movimento. E isso quando se considera a possibilidade de aparecimento deles, já que, em algumas vezes, simplesmente são substituídos por organizações que os abarcam – como o Estado, o MRE. As desavenças em torno do estabelecimento de determinados marcos e dos projetos de continuidade/interrupção das campanhas demarcatórias são solucionadas através de afirmações incompletas e de caráter exclusivamente informacional, como a que se segue: "Demarcado o trecho, entre 16 de janeiro e 29 de dezembro de 1930, e os campos gerais, entre 29 de dezembro de 1931 e 15 de março de 1934, logo se interromperam os trabalhos em comum, a pedido da Venezuela, que alegava dificuldades orçamentárias. Só se retomaram as demarcações em 1938" (Furquim, 2007, p.66). Os objetos, que também eram imprescindíveis para as ações da Comissão, servem apenas de ilustração para os textos ou, em situações piores, são totalmente ignorados (tudo se passa como se os traços fronteiriços tivessem a mesma existência, a despeito dos aparatos tecnológicos utilizados para efetivá-los).

O Esquema 1.1 mostra, graficamente, o modo de operar desse primeiro modelo narrativo. Nele, observa-se que há uma ênfase nos polos de entrada e saída, os quais seriam o lugar das datas importantes de iniciação e término dos processos, das assinaturas por parte dos dirigentes, da legalidade (jurisdição territorial), das conferências e reuniões estabelecidas por e entre os sujeitos representativos dos Estados em conversação diplomática. Em posição menos marcada, encontrar-se-ia o ponto de junção (Comissão), onde deveria acontecer (e na prática acontecia) um conjunto extenso de movimentos criativos para a obtenção e invenção de fronteiras. Mas esse aspecto é negligenciado nessa construção textual comum e, por isso, a Comissão assume as características de um intermediário (Latour, 2008, p.63). Por ela, os dados são conduzidos de uma extremidade à outra sem grandes entraves e não sofrem muitas diferenciações na forma. Em alguns momentos, surge um curto-circuito entre os dois lados, como se houvesse uma identificação perfeita (uma duplicação) entre os tratados de delimitação e as atas de demarcação. Talvez isso soe demasiado exagerado. "Como a matéria pode circular de um ponto ao outro sem sofrer alterações?", seria permitido questionar. A questão é que, em um texto que não focaliza o processo, não há espaço para se considerarem as brechas, os distúrbios ou os contornos que servem de rastros para demarcar as transformações.

Esquema 1.1
Fonte: Autor.

Com o intuito de visualizar melhor esses apontamentos, apresento um trecho de uma narrativa cujo tema é a constituição das fronteiras entre o Brasil e a Guiana Inglesa:[5]

> Os limites do Brasil com a República Cooperativa da Guiana foram estabelecidos no início do século XX, mas seus processos remontam a meados do século XIX, quando o governo imperial do Brasil protestou contra a indevida penetração inglesa na região do Pirara, a norte e oeste dos rios Cotingo e Tacutu, fronteira oeste da Guiana, junto à Venezuela, também chamada linha Schomburgk.
>
> Através do Tratado de Arbitramento, assinado em Londres, em 1901, Brasil e Inglaterra submetem o litígio ao arbitramento de Sua Magestade, o Rei da Itália. Nessa ocasião, fez-se uma Declaração Anexa, em que se estabeleceu que, a leste do território contestado, o limite deveria seguir pelo *divortium aquarum* (divisor de águas) entre a bacia do Amazonas (no Brasil) e as do Corentyne e do Essequibo (na Guiana).
>
> O Laudo proferido em Roma, em junho de 1904, determinou que a fronteira entre o Brasil e a Guiana Britânica seguisse por uma linha que, partindo do Monte Yakontipu, iria na direção leste, pelo divisor das águas, até a nascente do rio Mau (ou Ireng). Depois do proferido Laudo, o reconhecimento da fronteira constatou que o rio Cotingo não nasce no monte Yakontipu, mas no monte Roraima, mais a oeste, como tinha constatado a Comissão Brasileira de Limites com a Venezuela, em 1884, ficando em aberto a parte da fronteira entre os montes Yakontipu e Roraima, início da fronteira do Brasil com a Venezuela.
>
> Essa situação só foi resolvida em *22 de abril de 1926*, por ocasião da *assinatura de uma Convenção Complementar e de um Tratado Geral de Limites*.

5 Trata-se de uma dissertação de mestrado em geografia, defendida por Laércio Furquim Júnior, em 2007, na Universidade de São Paulo (USP). É um dos únicos trabalhos que focalizam as atividades da Comissão desde sua fundação.

> *Em 18 de março de 1930, foi aprovado o Protocolo de Instruções para a demarcação da fronteira. Em outubro e novembro de 1932, acertou-se também, por troca de Notas Reversais, um Acordo para a Delimitação de Áreas Ribeirinhas na Fronteira entre o Brasil e a Guiana Britânica, em que se estabeleceram critérios claros para a adjudicação de ilhas e para o acompanhamento das alterações do leito ou talvegue de rios fronteiriços. Em seguida, começou a construção dos marcos, desde o ponto de trijunção Brasil-Guiana-Venezuela, na serra Pacaraima, ao longo dos rios Mau (ou Ireng) e Tacutu, assim como na Serra Acarai, até o ponto de trijunção Brasil-Guiana-Suriname.*
>
> *Esses trabalhos terminaram em janeiro de 1939, quando se assinou a Ata da décima primeira e última Conferência da Comissão Mista, aprovando a descrição da fronteira com seus respectivos apêndices, mapas e coordenadas de marcos, inclusive do marco B/BG-11, construído em 1934 e localizado no extremo setentrional do Brasil.* (Furquim, 2007, p.56-7, grifos meus.)

As passagens destacadas demonstram que a Comissão exerceu um importante trabalho na implantação de marcos, determinação de coordenadas geográficas e feitura de mapas. Todavia, essa importância aparece com pouca densidade. Pela descrição, movida tão somente por uma sequência de datas e acontecimentos considerados relevantes pelo autor – talvez por estarem ligados ao aparato legal que envolve a demarcação (Tratado de Arbitramento, 1901; Laudo, 1904; Convenção complementar e Tratado Geral de Limites, 1922) –, não se sabe, ao certo, como foram as campanhas demarcatórias nem como atuaram os (ausentes) demarcadores. Furquim apenas informa que foram elaborados "critérios claros para adjudicação de ilhas e para o acompanhamento das alterações do leito ou talvegue de rios fronteiriços". Mas quais foram esses "critérios" e qual a necessidade de defini-los? Como eles interferiram na prática demarcatória ou nas descrições dos rios e matas? Para oferecer uma resposta, ainda que provisória, a tais interpelações, é necessário deslocar-se para um outro modelo narrativo (ver Esquema 1.2 – p.51).

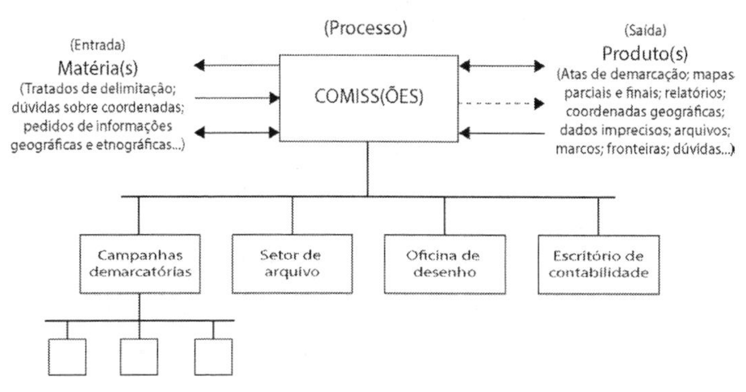

Esquema 1.2
Fonte: Autor

Algumas das características atribuídas a esse "outro modelo" já foram assinaladas, explícita ou implicitamente, nas questões levantadas anteriormente. Uma delas se refere ao foco da descrição e análise, que é trasladado para o centro, isto é, para o processo. Acompanhando essa pequena (mas fundamental) mudança, surge uma série de outras, quais sejam: a inserção de novas matérias, além dos Acordos (sinal "(s)" na palavra "matéria"); o aparecimento de produtos que foram ocultados, como o caráter parcial de alguns mapas e os arquivos (sinal "(s)" na palavra "produto"); a possibilidade de a Comissão demandar esclarecimentos ou modificações de algumas definições na entrada, como rever artigos dos tratados, refazer regras (seta de retorno para a entrada); matérias que não possuem, necessariamente, produtos perfeitos, como as imprecisões geográficas e cartográficas, as dúvidas sobre determinados aspectos de rios (seta pontilhada na saída); produtos que retornam para a Comissão, como marcos inseridos em locais incorretos, relatórios que precisam ser refeitos (seta de retorno para o processo). Há também uma diferença crucial na Comissão: ela se torna "Comissões". Esse plural é uma tentativa de mostrar que, internamente, sua função – demarcar, formar fronteiras – é performada[6] de diferentes modos nas variadas "seções" (blocos pontilha-

6 Performar é a tradução que proponho para o verbo inglês *to enact*. Efetivar é outra tradução possível e que também aparece, por vezes, neste texto.

dos) e "subseções" (pequenos blocos pontilhados):[7] no escritório de contabilidade, a demarcação performa-se como cálculo de gastos ou tabelas; na oficina de desenho, como linha traçada sobre papéis dispostos sobre uma mesa; no setor de arquivo, como álbuns, pastas e relatórios organizados em armários. No segundo modo narrativo, a Comissão sempre faz algo. Os objetos ou requisições, menos que puramente passar por ela, são nela e através dela efetivados, transformados, alterados, traduzidos e inventados de múltiplas formas. Em termos conceituais, estar-se-ia diante de um mediador (Latour, 2005, p.63) ou, ainda, de um mecanismo complexo de produção de fronteiras.[8] Talvez o uso de setas, retângulos e pontilhados – ali-

---

Enactment é um termo/conceito caro a Annemarie Mol, em *The body multiple* (2002), em que ela analisa os modos pelos quais a arteriosclerose é efetivada, performada, em um hospital holandês. Para Mol (2002), a arteriosclerose só existe quando performada na prática, no ato (*in act*), e existe de múltiplas formas: no consultório médico, é efetivada como dor na perna, tendo a participação de diferentes objetos nessa efetivação; no laboratório, é efetivada, através do microscópio, como um espessamento da parede da artéria; dentre outras. Como a autora sublinha: "[...] *enact. It is possible to say in practices objects* [como a arteriosclerose] *are enacted. This suggests that activities take place – but leaves the actors vague. It also suggests that in the act, and only than and there, something is – being enacted. Both suggestions fit in fine with the praxiography that I try to engage in here*", (Mol, 2002, p.33). Do mesmo modo, abordarei as diferentes formas de efetivação da demarcação das linhas de fronteira, especificamente nos capítulos 2 e 3, quando apresentarei os instrumentos técnicos de medição e falarei da oficina de desenho cartográfico, respectivamente. Na prática, no ato da demarcação, as fronteiras performam-se diferentemente.

7 No Esquema 1.2, a continuidade das linhas visa a demonstrar que outras seções e subseções (blocos menores) poderiam ser inseridas, o que densificaria ainda mais o modelo proposto.

8 Otávio Velho (2010), baseado em um livro de Pablo Casanova, intitulado *As novas ciências e as humanidades*, fornece um caminho interessante para se pensar acerca das organizações adjetivadas de complexas. Diz ele: "Complexas – seguindo Casanova, embora o uso do termo ainda hoje seja instável – no sentido de constituírem sistemas compostos por subsistemas que interagem e se interdefinem – e esta é uma palavra-chave – de tal maneira que não é possível nenhuma generalização sobre cada um dos subsistemas sem levar em conta os demais, estando todos eles permanentemente se ajustando uns aos outros" (p.215). Ao retomar essa consideração de Velho (2010), não

nhados numa representação funcional simplificada, cuja tarefa é gerir, planificar e clarificar o caos analítico – tenha impedido uma boa visualização dessa complexidade. Figuras com limites bem definidos, como se fossem paredes obstruindo a passagem, não criam, por si mesmas, a imagem de circulação, interação constante e interdefinição do objeto demarcação (daí a necessidade de se explicar o funcionamento da própria esquematização). Em outras palavras, diria que essa figuração é ainda redutora, uma vez que "domestica a complexidade" manifesta (Law & Mol, 2002, p.11). Postular isso não é o mesmo que abandonar o esquema completamente. Na verdade, apesar de sua malfadada tentativa de síntese (complexa), ele contribui para que um aspecto interessante chegue à superfície: a difícil empreitada de registrar textualmente o processo de demarcação, sem desconsiderar as variadas informações que entram e saem de suas diferentes seções.

A dificuldade de registro não se resume somente a um exercício de reajuntar devidamente dados dispersos. Há um ponto que passou despercebido pelo segundo modelo e que deve ser considerado, porquanto ele interfere no curso da narrativa e na posição ocupada pelo antropólogo. Refiro-me à noção de familiaridade. Em um texto movido por reflexões rasteiras, a história das demarcações realizadas pela Comissão está alocada, quase sempre, na lista dos fatos familiares: "Como uma organização do Estado, seguidora de uma legislação e de conceitos advindos da ciência, pode ser estranha? Isso não seria um distintivo apenas dos povos contatados e

pretendo estabelecer uma conceituação fechada para o que vem a ser algo 'complexo' e, por conseguinte, aplicar esse conceito no tratamento dado à Comissão. Chamar para a discussão esse autor é, para mim, uma forma de mostrar como determinadas temáticas estão sendo trabalhadas nas ciências sociais. Além disso, acentuo que não utilizo teorias sobre complexidade para abordar a Comissão. Minha intenção é contar histórias, pequenas narrativas (talvez causos), sobre "o que acontece à complexidade na prática" (Law & Mol, 2002, p.6), o que acontece à complexidade na prática demarcatória. Para mostrar a complexidade na demarcação, testo modos de relacionar esse objeto, articulá-lo ou produzi-lo de maneira 'complexa'. Ver a discussão sobre a produção de mapas demarcatórios no Capítulo 3.

das florestas descobertas pelos demarcadores?". Já numa descrição esmerada, o caráter amplamente familiar da demarcação pode ser revertido em uma prática estranha. Essa reversão, menos que uma exotização corriqueira, é uma estratégia fundamental para deslocar questões que são apreciadas como óbvias ou autoexplicativas, demonstrando que, para além de calendários e informações jurídicas, existe, nas demarcações, uma gama de coisas para se aprender, apreender e traduzir. O linguajar técnico, para citar uma delas, é algo que soa bastante estranho para um antropólogo, acostumado a escutar termos de parentesco e nomes de rituais nas aulas de formação acadêmica: fala-se de azimutes, triangulações, levantamentos topográficos e hidrográficos, escalas de mapas, aerofotogrametria. Acoplado a isso, pululam tecnologias conhecidas e manuseadas por geógrafos e geólogos, mas inexistentes nas bagagens daqueles que vão para campo estudar uma 'distante comunidade', como teodolitos, correntes de agrimensor e telêmetros. Caso não sejam 'estranhadas', essas coisas podem até ser citadas ou desenhadas, contudo não dirão nada, certamente. Para que tenham agência, é preciso que o pesquisador, em sua descrição, seja capaz de fazer com que a língua delas reverbere na língua de seu texto.

As memórias de Brás Dias de Aguiar e as fronteiras para um Congresso

Na parte anterior, mostrei que o modelo narrativo/analítico escolhido pelo investigador para descrever seu objeto, mais que relatar fatos, é uma ferramenta que cria, bem ou mal, esse mesmo objeto. A Comissão Demarcadora de Limites, por exemplo, ao ser analisada por duas diferentes abordagens, surge com roupagens diametralmente opostas: uma Comissão atuante versus uma Comissão sem agência. Entre essas duas apreciações, opto por seguir a primeira, pelo fato de ela aproximar-se daquilo que os (meus) nativos apresentam-me intensa e extensivamente nas centenas de páginas de relatórios, fotografias e ofícios. Nesse sentido, o modelo analítico e descritivo que procuro pôr em prática delineia-se como uma via de mão dupla: uma invenção do analista, que, fazendo uso de conceitos, teorias e métodos, constitui, conscientemente, uma forma de apropriação e percepção da 'realidade' estudada; conjugada, lado a lado, com uma formulação advinda dos próprios informantes, os quais, ao fugir da capa de silêncio e fixidez imposta pelas estantes, caixas e sistemas de classificação e ordenação de um arquivo, vêm dizer o que são e como devem ser investigados.

Feita essa pequena observação, cumpre pôr em operação esse modo de contar/fazer uma história. Parto de uma palestra sobre a Comissão, proferida no IX Congresso Brasileiro de Geografia, que recebeu, pelo menos por parte da *Revista Brasileira de Geografia* (RBG), grande atenção. Essa publicação preocupou-se em inserir, na seção "Noticiário", desde a última edição de 1939, tópicos referentes à organização do evento, à divulgação feita pelo presidente da comissão organizadora por várias regiões brasileiras e à recepção por parte de profissionais ligados, ou não, à geografia. Em relação a este último ponto, são transcritas na RBG[9] duas reportagens, uma da *Folha da Manhã*, escrita por João Dias da Silveira, docente de Geografia Física da USP, e outra de *O Estado de São Paulo*, do professor Pierre Monbeig, da mesma instituição, cujo conteúdo ressalta a importância do certame para se vislumbrar o desenvolvimento da geografia no Brasil e para abrir novos horizontes às pesquisas geográficas e afins. Conforme afirmam ambos os docentes, os profissionais estariam imersos em um ambiente propício para o estabelecimento de contatos e conversações. Esses relacionamentos, embora amistosos (principalmente aqueles que fossem travados nos ínterins das sessões solenes), viriam a orientar, de algum modo, o curso dos estudos dos pesquisadores. Dias da Silveira ainda acrescenta que a diversidade de discussões trazidas pelas comunicações interessaria, concomitantemente, economistas, sociólogos, histo-

---

9 RBG, v.2, n.1, 1940, p.104-5 (*O Estado de São Paulo*); RBG, v.2 n.2, 1940, p.264-5 (*Folha da Manhã*).

riadores, botânicos, higienistas, geólogos, militares, políticos – no confronto de ideias, todos receberiam e ofereceriam dados e conclusões para se pensar e fazer ciência no Brasil.[10]

O Congresso realizou-se em Florianópolis, em 1940, e reuniu estudiosos em seções temáticas que discutiram questões referentes às geografias física, matemática, humana e econômica, à biogeografia, à metodologia e às explorações geográficas realizadas no território brasileiro. Estiveram presentes personalidades de destaque nas ciências e política, como Gilberto Freire, Rondon e Roger Bastide. Ao lado destes, estavam os nomes de cientistas sociais, historiadores e geógrafos menos reconhecidos no momento, mas que fizeram parte das comissões técnicas, tais como Luiz de Castro Faria, Fernando de Azevedo, Alice Canabrava, Carlos Miguel Delgado de Carvalho, José Setzer, Odilon Nogueira de Matos, e também os representantes de instituições governamentais que estabeleciam relações com a geografia, como o Serviço de Proteção aos Índios (SPI) e o MRE. É no último caso que se enquadra o principal personagem desta parte: o almirante Brás Dias de Aguiar, chefe do setor norte da Comissão Brasileira Demarcadora de Limites há mais de dez anos.[11]

---

10 João Dias da Silveira afirma que "[m]uitos cientistas [...] e mesmo profissionais como engenheiros, agrônomos, militares, médicos etc., verificarão que possuem aí [no Congresso] uma infinidade de interesses. [...] Os geólogos, os militares, os navegantes terão imediatamente suas atenções voltadas para o que se irá dizer sobre litorais, águas continentais, etc. Nas teses sobre climas, fatores e característicos, os higienistas, os médicos etc., encontrarão muito que lhes dirá respeito. Os trabalhos sobre solos, sobre vegetação, etc., são de conhecimento indispensável aos agrônomos e naturalistas. Nos capítulos referentes à Geografia Humana e Econômica aparecem temas cujo interesse vai além do campo geográfico. São estudos sobre profissões, sobre habitat, sobre alimentação a interessar os sociólogos, os educadores, os higienistas e mesmo os médicos e outros profissionais. [...] Os políticos e estadistas deverão acompanhar de perto as conclusões a que serão levados os trabalhos sobre migrações, colonização, povoamento" (RBG, v.2, n.2, p.265).

11 É importante salientar alguns pontos da trajetória de Brás Dias de Aguiar. Nasceu no Rio de Janeiro, em 1881, e aos 18 anos (1899) ingressou na Escola Naval, iniciando ali sua carreira militar. Em 1902, foi promovido a Guarda-

Brás de Aguiar, embora tivesse ingressado na Sociedade Brasileira de Geografia em 1932[12] e fosse valorizado por diplomatas e militares preocupados com problemas de fronteira, não havia feito nenhuma apresentação pública sobre as atividades realizadas pelos demarcadores e suas contribuições para a geografia, especificamente àquela que se voltava aos estudos amazônicos. O ano de 1940 seria, pois, de novidades e conquistas. Participando de um Congresso em que se misturavam uma "infinidade de interesses" e pessoas de ramos variados, Aguiar poderia fazer com que a Comissão circulasse em grupos que ultrapassavam seus próprios limites de atuação e, se bem-sucedida, alcançaria aliados, vindo a ser reconhecida, por eles, não somente como órgão técnico, mas também como uma "ciência da demarcação" (Golin, 2002, p.13). Havia, pelo que parece, ao menos certa dose de expectativa por parte do almirante em atingir esse reconhecimento. Em carta a um dos chefes da comissão venezuelana, datada de 16 de outubro de 1940, ele afirma que regressara satisfeito do Congresso porque "os nossos trabalhos

-Marinha. No ano seguinte, realizou uma viagem de instrução a bordo do navio-escola "Benjamin Constant", passando por regiões dos Estados Unidos e Europa. Também navegou, pouco depois, pelo Rio Amazonas. Dessas viagens, como afirma seus biógrafos, tomou grande interesse pela navegação e pelo mundo amazônico. Por isso, serviu a várias missões nessa região. Em 1910, foi posto à disposição do MRE para exercer o cargo de ajudante técnico durante as expedições que seriam realizadas nas fronteiras do Peru e da Bolívia com o intento de instalar marcos. Até 1928, continuou realizando levantamentos geográficos e topográficos para o Itamaraty, sobretudo no Acre. Alcançou novos postos na Marinha durante esses anos, tornando-se capitão de corveta em 1923 e capitão de mar e guerra no final de 1927. Em 1928, viajou pelo Rio Negro, pela Comissão Demarcadora de Limites, e em 1929, efetivou-se como chefe dessa instituição. Brás de Aguiar faleceu em 1947. Para uma biografia mais detalhada, ver RBG, 1948, v.1, ano 10, p.105-8; Lopes, 1948.

12 Essa informação consta em um texto feito por um representante da Sociedade Brasileira de Geografia e apresentado em homenagem a Brás Dias de Aguiar, em 8 de outubro de 1948, s.p. Arquivo da Comissão: Pasta "Biografias" – Almirante Brás Dias de Aguiar.

foram aprovados e muito apreciados por todos os congressistas".[13] E, realmente, isso acontecera. Francisco Jaguaribe Gomes Mattos, geógrafo parecerista do colóquio, exprimiu o entusiasmo com que lera o texto de Brás de Aguiar, oferecendo-lhe, inclusive, a insígnia de um verdadeiro descobridor. Segundo ele, o almirante não se empenhava apenas para o benefício de um partido ou uma nação, e, sim, para a humanidade (Anais do IX Congresso; Lopes, 1948, p.225). No interior da Comissão, o sucesso da exposição também foi concretamente sentido. Foram feitas cópias e encadernações do trabalho, transformando-o em livro, o qual, dentre outras funções, servia como presente ofertado a alguns indivíduos que passavam pelo escritório.[14]

Falei da admirável recepção do texto antes de dizer qualquer informação sobre sua feitura e seu conteúdo; aliás, nem mesmo o seu título foi revelado. A essa estratégia de apresentação, cabe uma indagação: por que iniciar apontando o sucesso de um artigo? O motivo é muito simples, mas, antes de assinalá-lo, explicito o que não intenciono fazer ao passar, rapidamente, pela temática do triunfo: trazer à tona, tal como fizeram alguns biógrafos e a própria RBG, um técnico de demarcação, herói e vencedor, que alçou voos no campo da ciência e foi, posteriormente, louvado por seus pares.[15] Ao contar a breve história de circulação do artigo, tento demonstrar que, no arquivo, folheando variados papéis, estive diante de um escrito interessante, isto é, que fez a diferença, ajudou a alcançar objetivos (Stengers, 1990, p.101-2; Latour, 2000, p.179), tanto no Congresso de 1940 quanto na própria Comissão, sendo, portanto, merecedor de uma leitura mais detalhada. Porém, não é só isso que me fez voltar a esse documento para oferecer-lhe uma narrativa. Manipulando-o, percebi que ali estavam, diante de meus olhos, valiosos apontamentos nativos para pensar a Comissão, sobretudo

---

13 Caixa "Correspondências/Documentos" – 1929-1990. Brasil-Venezuela – 1938-1940, p.136.

14 Caixa "Boletins 1934-1946". Boletins, 1945. Ver data 12/4/1945.

15 Ver Lopes, 1948, p.225-40; RBG, 1948, v.1, ano 10, p.105-8.

acerca de sua fundação e a transformação que realizara no cenário das demarcações.

O texto exposto por Brás Dias de Aguiar foi inscrito na seção de memórias do IX Congresso, tendo como título Trabalhos da Comissão Brasileira Demarcadora de Limites – Primeira Divisão – nas fronteiras da Venezuela e Guianas Britânica e Neerlandesa, de 1930 a 1940 *(Memória)*.[16] No original, eram três tomos, totalizando cerca de 400 páginas, subdivididas em dez partes, cujas temáticas perpassavam âmbitos de distintas áreas da geografia – topografia, geografia física, humana e histórica, climatologia, ecologia.[17] Essa forma de apresentação e análise do objeto delineava-se conforme as trilhas abertas por escritos memorialísticos e narrativas de viagem de geógrafos,[18] e dialogava com a organização das seções do certame (o que, indubitavelmente, era um ponto positivo para a Comissão).

16 O texto da *Memória* a que tive acesso encontra-se arquivado em: Caixa "Relatórios diversos" (1956-1971). A data da *Memória* (1940) discrepa dos outros relatórios contidos na mesma caixa. Sublinho que nem todas as partes da *Memória* contêm paginação, impossibilitando-me citar as páginas de todos os trechos que utilizo durante minha descrição.

17 As partes eram as seguintes: 1. Apresentação; 2. Demarcação de fronteiras; 3. Acordo de 1º de novembro de 1932; 4. Acordo de 3 de novembro de 1933; 5. Demarcação das fronteiras do norte do Brasil; 6. Trabalhos realizados pela Comissão setor norte ou primeira divisão de 1930 a 1940; 7. Rios não fronteiriços; 8. Coordenadas geográficas; 9. Nosologia; 10. Etnografia.

18 O livro *Viagem ao Tapajós*, de Henri Coudreau, publicado em 1897, segue exatamente esse modelo de apresentação das viagens: elenca os dados topográficos, sublinha alguns fatos da geografia física e humana e termina com considerações sobre as populações indígenas, incluindo até mesmo um vocabulário de termos nativos. *Viagem ao Xingu*, 1897 [1977a], também de Coudreau, possui a mesma linha argumentativa. Outro exemplo é o livro *Exploração da Guiana Brasileira*, do geógrafo Hamilton Rice, de 1978. Este último é organizado como um relatório de trabalho, contendo diversas informações concernentes à geografia da chamada Guiana Brasileira e, no fim, um caderno de fotos da natureza local e dos nativos. Não postulo uma semelhança total entre os escritos desses viajantes com aqueles das *Memórias* de Brás de Aguiar. Sublinho apenas que há entre eles uma proximidade na organização dos dados. Destaco, ainda, que Brás de Aguiar até mesmo cita trechos da obra Hamilton Rice.

Os dados contidos na *Memória* ou eram retificações de cartas geográficas e informações incorretas ou eram retratos de regiões até o momento desconhecidas – todos baseados nas árduas campanhas demarcatórias. Estas, há que se pontuar aqui, para se tornarem informação a ser transmitida fora da Comissão, sofriam um processo de transformação: em um primeiro instante, elas eram a experiência do demarcador a ser transportada para a sua caderneta, na qual ele tudo anotava, registrava e analisava (Engel, 1968, p.21). Posteriormente, essa caderneta ia para o escritório e ali se convertia em relatório datilografado. Depois disso, as campanhas, agora constituídas por letras de uma máquina, seguiam para a oficina de encadernação, onde recebiam uma capa dura que as unia a outro conjunto de campanhas. Por fim, eram depositadas nos armários, compondo, com relatórios provenientes de pessoas, momentos e relações distintas, uma história comum das fronteiras, pronta para ser revisitada por qualquer funcionário da Comissão. Não me admiraria se alguma linha de ruptura atravessasse esse processo de transformação da experiência de campanha em documento de arquivo a ser consultado e, consequentemente, impedisse o seu fluxo normal. Uma caderneta perdida, uma máquina de datilografia estragada, um borrão numa página, uma letra ilegível, tudo isso, e outras coisas mais, poderia levar à necessidade de se inserirem novas vias para a estabilização do curso da produção textual do limite de fronteira.

Mas o que isso tem a ver com o trabalho lido por Brás de Aguiar? A relação entre o percurso de elaboração de um relatório de campanha e a dita *Memória* é bastante direta. Para sua constituição, o almirante fez uso de relatórios que haviam sido finalizados e, a partir deles, escolheu aquilo que considerava mais relevante para dar a conhecer em Florianópolis. Costumeiramente, essa escolha seria vista como uma exposição sintetizada das características fundamentais de acontecimentos. Todavia, na produção de uma *Memória* interessante, algo mais está em jogo: o que dizer e o que cortar funciona como um ato de purificação. E esta, de certa maneira, fora bem-sucedida: dez anos de atividade, perfazendo mais de 5.000 páginas, com fotos, tabelas, mapas, croquis, correspondências etc., foram sintetizados em apenas 400 páginas. A pergunta que surge diante disso é: o que ficou para trás com tal estratégia? Já na apresentação, Brás de Aguiar oferece pistas para respondê-la:

> [...] No modesto trabalho que apresentamos ao IX Congresso Brasileiro de Geografia, *procuramos reunir alguns resultados das atividades* da Comissão Brasileira Demarcadora de Limites. [...] *Não nos foi possível enfeixar* numa só memória *a exposição completa e detalhada de todos os serviços*, desde o abastecimento das turmas de campo, suas comunicações, os processos de levantamentos topográficos, determinação de coordenadas geográficas, explorações de rios, etc., até os trabalhos complementares de desenho e outros de escritório, bem como os de administração.[19]

Pelo que se observa, foi retirado exatamente aquilo que se liga à prática (serviços) e, em contrapartida, enfatizado o produto (resultados). O que Brás de Aguiar define como "serviços" é o lugar onde são criados os relatórios – textos que carregam os desvios, as contingências, as falhas e as incertezas que proporcionaram a fabricação de fronteiras límpidas, isto é, fronteiras que se tornaram coordenadas geográficas e mapas assinados. Não pretendo dizer que trazendo os "serviços" para a narrativa apareceria essa gama de coisas ausentes na *Memória*; eles poderiam ser descritos rasteiramente, como acontece nas tabelas dos Boletins mensais da Comissão, que designam, quantitativamente, o que foi feito pelos funcionários, sem tocar nas minúcias das atividades diárias. Quero, sim, ressaltar que uma coordenada, um marco ou uma linha de fronteira só adquirem existência quando ações práticas os sustentam. Brás de Aguiar sabia disso, mas – tal como os cientistas de laboratório que apagam os rastros da construção de um fato e propagam somente seus artigos terminados, ou melhor, seus gráficos, tabelas e fórmulas (aquilo que interessa à ciência) (Latour & Woolgar, 1997, p.67) – comunicou, a seus ouvintes de 1940, somente o que poderia gerar

19 Aguiar (1940), *Memória*, p.1, grifos meus.

algum interesse nas discussões sobre limites e mapeamento: os números que demarcavam o território, especificando, claramente, o que era do Brasil e o que não era.

Embora sobressaiam na *Memória*, ganhando até mesmo um capítulo só para elas, as coordenadas estão também articuladas a fotos e a uma prosa simples, subdividida em cinco temas principais: 1. Descrição geral da fronteira; 2. Histórico da fronteira; 3. Marcos implantados; 4. Aspectos do ambiente natural, como clima, regime de chuvas e vegetação; 5. Caracterização dos tipos humanos. A ordem é variável, sendo que, em alguns casos, como no da Guiana Neerlandesa (Suriname), as temáticas estão fundidas em um texto sem subdivisões. Durante a narrativa, são acionados conceitos provenientes da Geografia, funcionando como fatos já aceitos e inquestionáveis, como talvegue ("O terceiro setor é constituído por uma fronteira fluvial desde a foz do Rio Maú, sobre o talvegue dos Rios Tacutu e Tacutu de Leste"),[20] contraforte e nascente ("Este marco está na nascente principal do Rio Paru, na serra divisória onde tem início o grande contraforte que separa as águas do Paru de Oeste ou Cuminá, das do Paru de Leste, também conhecido pelos índios como Ocomoquê"),[21] confluência ("No trecho compreendido entre os marcos B1 e BG2 e a confluência do Rio Maú"),[22] dentre outros. O uso desses termos não é despropositado, não estão apenas preenchendo lacunas de uma frase. Pelo contrário, ao inseri-los na descrição, Brás de Aguiar possibilitava que o espaço da campanha – a mata, o rio, a montanha, em suma, a natureza local – fosse trasladado para a folha de papel e, através desse movimento, alcançasse uma visibilidade na sala de conferência do Congresso. Mas uma visibilidade bem limitada, porque somente aqueles que dominavam essa linguagem eram capazes de perceber a sua importância entre as outras palavras e, dela, conceber, metonimicamente, a fronteira que estava distante de Florianópolis.

---

20 Aguiar (1940), *Memória*, p.39.

21 Ibidem, p.93.

22 Ibidem, p.79.

À tradutibilidade por meio de conceitos, convém conectar outra: a das fotografias. Elas não devem ser vistas como um tipo de objeto imagético qualquer que foi preso nas velhas páginas do documento arquivístico, isto porque foram selecionadas para, junto das palavras, números e traços, atuar de algum modo. Mas como? O que fotos de cachoeiras, picadas na floresta, marcos, rios, demarcadores ou artefatos indígenas fazem na *Memória*? Representam uma região? Testemunham, visualmente, que os dados científicos da Comissão foram colhidos em campo? Ilustram espaços vazios ou servem de apoio às informações textuais? Foge do meu alcance emitir uma resposta generalizante e completamente fechada, como se não tivessem entradas para múltiplas interpretações. Sugiro apenas uma aproximação possível. Para mim, as fotografias, tal como o texto e seus recursos discursivos, também esclarecem, indagam, comentam e traduzem. E fazem isso de diferentes formas. Uma delas refere-se à prática, posta, como visto, em segundo plano na história contada verbalmente por Brás Dias de Aguiar. Algumas fotos, conforme interpreto, trazem consigo vestígios de todo um longo e, por que não, penoso processo para se demarcar uma região, como as que contêm em suas legendas (dispostas na parte de baixo de todas as fotos) os seguintes dizeres: "Rio Cauaburi, afluente do Negro, subindo uma corredeira" (Imagem 1.1); "Rio Cauaburi, afluente do Negro, vencendo por terra uma cachoeira" (Imagem 1.2); "Passagem por terra para livrar a cachoeira 'Que Dança' no rio Mapuera" (Imagem 1.3). Outras imagens, ainda que não possuam indicações em suas legendas, seguem um discurso semelhante (Imagens 1.4 e 1.5). Mas seria demasiado raso asseverar que essas fotos expressam apenas as dificuldades nas passagens por cursos d'água pedregosos ou encachoeirados. Nelas se veem também pessoas que foram contratadas para fazer parte das missões de demarcação. Além dos chefes bem trajados, que fazem reuniões, estipulam metas, elaboram projetos de ação, assinam atas e mapas (Imagem 1.6), estão ali presentes, com seus uniformes mais simples e sujos, os carregadores, os puxadores de canoa, aqueles que abrem os caminhos, que, para facilitar o deslizamento das embarcações, retiram a areia do rio com as próprias mãos (Imagem 1.7). Junto das pessoas, estão, igualmente, os objetos, cuja ausência impediria qualquer ação nas florestas e nos rios. Imagine o que ocasionaria a falta de ubás, canoas com motores ou outros barcos em lugares onde o avião não tinha acesso! Até mesmo uma corda, resistente e flexível, executava uma função essencial: fazia com que a força de seis homens (Imagem 1.5) convergisse para um mesmo ponto e arrastasse pela laje a pesada canoa de madeira. Uma máquina de tração que, na simplicidade, fazia toda a diferença.

Alguém poderia perguntar se Brás de Aguiar teria pensado sobre essas questões ao selecionar as imagens ou, ainda, se ele teria desejado mostrar a importância de uma corda, por exemplo. Não há respostas, pelo menos aqui, para esses questionamentos. Posso dizer, todavia, que as fotografias, para além daquele que as coletou, fazem algo no texto, ou melhor, atualizam, imageticamente, a fronteira. Tomando como base comparativa um trecho da *Memória*, isso fica mais inteligível. Vejamos.

O Tacutu é formado por dois braços inteiramente distintos: o Tacutu Sul e o Tacutu Este. O Tacutu de Este tem as suas nascentes no Monte Wamuriaktawa, no divisor de águas Amazonas-Essequibo e na altura do marco internacional B/BG14 [Brasil/British Guyana14], cuja posição geográfica é a seguinte: latitude 1°52'10"76 Norte e longitude 59°39'46"23 Oeste Gw. O Tacutu sul tem as suas nascentes ao longo do trecho de fronteira onde foram construídos os marcos internacionais B/BG15 e B/BG16. O formador do braço meridional do Tacutu nasce na altura do marco B/BG15, corre na direção sudoeste paralelamente ao divisor de águas, e ao receber as águas de um pequeno afluente que sai das proximidades do marco B/BG16, dirige-se para noroeste até encontrar o Tacutu de Este. O ponto de junção dos dois braços do Tacutu se encontra na altura dos marcos B/BG15 e B7, e na seguinte posição astronômica: latitude 1°50'55" Norte e longitude 59°44'04' Oeste Gw. As nascentes do Tacutu de Este se encontram na parte meridional do Monte Wamuriaktawa. Dos lados ocidental e setentrional do referido monte saem as águas do Rio Anderson que corre para noroeste e despeja na margem direita do Tacutu, abaixo do ponto de junção dos dois braços.[23]

O mecanismo de operação desse excerto já foi apresentado anteriormente. Vê-se elencada uma série de coordenadas, com seus respectivos marcos, interconectadas por frases. Caso se desejasse, o texto poderia ter sido escrito somente com as localizações, sem que isso acarretasse grandes perdas para a visualização do que o autor objetivava descrever: a fronteira do Rio Tacutu, nos pontos de sua nascente e em seus braços. Isso se daria pelo fato de que as localizações geográficas – B/BG14 – 1°52'10"76 Norte, 59°39'46"23 Oeste Gw.; B/BG15 e B/BG16; B/BG15 e B7 – 1°50'55" Norte, 59°44'04' Oeste Gw. – não são mais meros números e letras, são, sim, o próprio Rio Tacutu traduzido por instrumentos técnicos e, por conseguinte, anotado numa página de papel,[24] disponível à leitura e apreciação dos olhares perscrutadores de geógrafos e outros demarcadores. Algo semelhante acontece com as fotografias, as quais, por si mesmas, trasladam, quando reveladas em preto e branco, as fronteiras vistas no campo para a *Memória*, mais do que isso, passam a ser a fronteira (da perspectiva da máquina fotográfica). Assim sendo, o Monte Wamuriaktawa é tanto B/BG14 – 1°52'10"76 Norte, 59°39'46"23 Oeste Gw., quanto a Imagem 1.8.

As memórias de Brás Dias de Aguiar e a Comissão como evento

Brás Dias de Aguiar não levou para o Congresso apenas as fronteiras do norte do Brasil, transformadas, a partir de alguns operadores de tradução – conceitos geográficos, coordenadas, fotografias –,

23 Aguiar (1940), *Memória*, p.75.

24 Nos capítulos 2 e 3, serão apresentados os instrumentos que fazem, juntamente com os técnicos que os operam, as coordenadas geográficas que são registradas nas cadernetas ou rabiscadas em um mapa.

em narrativa memorial a ser lida e comentada pelos congressistas.[25] Foi transportada também, de Belém para Florianópolis, a Comissão. Esta, uma organização formadora e propulsora das linhas que circunscrevem e assinalam, "a nós e às nações limítrofes, onde termina o nosso território e começa o do outro",[26] é examinada em três partes, denominadas "Apresentação", "Introdução" e "Demarcação de fronteiras". Conquanto seja elencada como uma espécie de personagem principal, ela não está sozinha no cenário analítico de Brás de Aguiar. Acompanhando-a, seguem, como figurantes, questões voltadas para a contextualização geral da constituição das fronteiras internacionais brasileiras de meados do século XVIII ao início do XX, nas quais são destacados certos episódios históricos, nomes de personalidades que participaram das negociações políticas e territoriais, acordos firmados e até mesmo a inconstância dos trabalhos de demarcação.[27] Tais figurantes, ao decorarem o espaço da cena, possibilitam que a Comissão surja como um evento, fazendo, assim, que janeiro de 1928 seja mais do que uma data qualquer.

Para elucidar com clareza essa ideia, é necessário caminhar mais próximo da argumentação de Brás de Aguiar e observar os registros/acontecimentos assinalados em sua *Memória*. Dando o primeiro passo, volto a 1750, ano em que, através de um tratado entre Portugal e Espanha, decidiu-se quando e como se iniciariam as demarcações das áreas meridionais e setentrionais do Brasil. O acordo não foi efetivado rapidamente. Somente depois de três anos é que

---

25 Pensando com Strathern (1995), diria que esses operadores de tradução são também produtores de relação. No Congresso de Geografia, eles ligaram a Comissão a profissionais de outras áreas e instituições, assim como permitiram que as pessoas se conectassem e conhecessem as fronteiras.

26 Aguiar (1940), *Memória*, p.26.

27 Brás Dias de Aguiar não menciona os autores que utilizou para a constituição da história das fronteiras em sua *Memória*. No primeiro parágrafo, ele apenas menciona que "[a] formação e evolução de nossas fronteiras terrestres [...] tem sido objeto de estudo das maiores autoridades no assunto, que, em artigos de jornais e revistas, monografias e livros, têm transmitido o resultado de suas pesquisas" (p.21). Para uma história geral da formação das fronteiras do Brasil, ver, por exemplo, Viana (1948); Golin (2002).

foram nomeados os responsáveis pela região norte. Feito isso, 796 pessoas partiram, em 1754, de Belém para a cidade de Barcelos, localizada nas proximidades do Rio Negro; aí permaneceram durante cinco anos, aproximadamente, e fundaram algumas vilas. Essa foi a primeira comissão portuguesa preocupada com os limites das terras amazônicas. Em 1780, formou-se um grupo de demarcação que partiu, novamente para Barcelos, "numa flotilha de 25 canoas, levando um total de 516 pessoas, entre pessoal superior, marinheiros brancos, pilotos e remeiros índios, escravos, agregados".[28] Por meio dessa campanha, instalaram-se dois marcos, um na margem norte do Rio Solimões, e outro na foz do Rio Japurá. Em 1782, a segunda comissão tentou continuar as explorações nas águas do Apaporis, Taraíra e também do Japurá, mas foi surpreendida por uma epidemia que "prostrou quase toda a turma, obrigando-a a regressar imediatamente".[29] Após essas duas temporadas demarcatórias, lusos e espanhóis travaram "uma irritante e interminável discussão", o que impediu a boa continuação das atividades nas fronteiras norte. As terras dessa área, até a independência brasileira, eram desconhecidas e indefinidas em quase sua totalidade. E continuaram assim até 1859, quando se assinou um tratado de limites com a Venezuela. Abria-se uma nova tentativa demarcatória depois de anos em completa paralisia. Porém, esse tratado entrou em vigor somente em 1879, pois havia sido bastante difícil realizar nomeações de comissários, sobretudo por parte da Venezuela. A respeito disso, certo ministro brasileiro dizia:

> Não começaram ainda os trabalhos de demarcação de limites entre o Império e a República Venezuelana, apesar das constantes diligências que para esse fim tem empregado o Governo imperial desde 1861. A continuar a dificuldade que o Governo daquela República tem tido em nomear o seu Comissário, ver-se-á obrigado o Imperador, no interesse das comunicações e dos estabelecimentos

28 Aguiar (1940), *Memória*, p.23.
29 Ibidem, p.24.

> dos dois países, a mandar reconhecer por sua parte a linha divisória, assinalando os pontos principais, sem prejuízo, contudo, de quaisquer observações que sobre a exatidão desse trabalho julgue conveniente fazer o Governo da República.[30]

Nomeados os comissários e formada uma nova turma de demarcadores, partiu-se para São Gabriel, no Rio Negro, em 11 de março de 1879. Do lado brasileiro, comandava o tenente coronel Francisco Xavier Lopes de Araújo, conhecido como Barão de Parima; do venezuelano, o senhor Julio Barcía, posteriormente substituído por Miguel Tejera. As duas comissões realizaram uma varredura em alguns pontos da rede fluvial amazônica: Manachi, Aquio, Tomo, Maturacá. Em 1882, os venezuelanos afastaram-se do processo, mas os brasileiros receberam ordem de prosseguimento e chegaram às nascentes dos Rios Marari e Padauiri. Eles ainda percorreram trechos da bacia do Rio Branco. Em 1884, apresentaram um relatório e um mapa descritivo das regiões levantadas.[31]

Depois disso, paralisaram-se, uma vez mais, as demarcações e caracterizações da região. Somente em 1912 fez-se nova comissão, que construiu dois marcos em Cucuí e um no salto de Huá, sendo dissolvida em 1915. Por fim, passados 14 anos, o governo brasileiro "apurou que ainda havia alguns trechos por fixar em tratados e procurou negociar as diferentes convenções de limites. Foram assim encerrados todos os atos propriamente diplomáticos sobre os nossos lindes".[32] Restava, no entanto, materializar o que os acordos teoricamente descreviam como as linhas do norte. Para tanto, foi criado, em 1928, o Serviço de Fronteiras, do Ministério do Exterior, que subdividiu o país em três setores – norte, sul e oeste. Ao norte, caberiam as fronteiras com as três Guianas (Britânica, Francesa e Neerlandesa) e Venezuela. Fundava-se, então, a Comissão Brasileira Demarcadora de Limites.

---

30 Ibidem, p.24.

31 O relatório da Missão Parima encontra-se arquivado na PCDL. Como fugia do período da minha pesquisa, não o analisei.

32 Aguiar (1940), *Memória*, p.26.

Resumidamente, esses são os episódios abordados pelo almirante em sua breve descrição histórica das demarcações. Há, pelo que se vê, pouca densidade na narrativa. São apenas concatenados, sequencialmente, os períodos de atuação das turmas de comissionários. Raros são os comentários acerca da maneira pela qual os grupos foram constituídos e geridos. Conta-se somente que eles existiram e, de certo modo, antecederam um movimento que estaria por vir em 1928. Entretanto é possível retirar dele questões que gerem mais rendimento para abordar o evento fundação.

Ao expor as constantes dissoluções das comissões, com a consequente necessidade de sempre nomear novos chefes, um problema de fundo vem à tona: a urgência de se criar um órgão especializado em demarcações, caso se desejasse administrar eficientemente a fixação dos "lindes" do Brasil e, assim, completar "a ação do grande chanceler Rio Branco".[33] A Comissão surge como resposta a ele. Um detalhe importante é que ela aparece não como um desenvolvimento das antigas comissões, como uma linha evolutiva levaria a pensar. Com isso, não postulo que as experiências anteriores deixaram de iluminar as discussões que, provavelmente, estiveram presentes meses antes do início de 1928.[34] Digo somente que há uma diferença manifesta entre o modelo de operação da Comissão e das turmas formadas anteriormente: enquanto estas se desfaziam, aquela veio para ser permanente. Vista de hoje, quando as fronteiras já estão bem marcadas no mapa do Brasil, essa característica pode até ser posta em segundo plano ou mesmo não constar nas narrativas históricas; no entanto, ao se percorrerem os interstícios do processo de fabricação dos limites, visualiza-se que ela provocou tremendas transformações nas demarcações.

---

33 Aguiar (1940), *Memória*, p. 26.

34 Não tive acesso a documentos que descrevem o processo de criação da Comissão. Conforme disse-me a bibliotecária da SCDL, atualmente estão sendo realizadas pesquisas em busca de registros sobre o período de fundação das comissões demarcadoras do Serviço de Fronteira. Ter acesso a tais artefatos documentais seria uma maneira de entrar em contato com discussões e controvérsias que estavam presentes no momento de formação da Comissão.

Aproximo-me, enfim, da personagem principal. Ela assume, no escrito de Brás de Aguiar, o papel de uma máquina[35] que resolve problemas de limites, tendo como produto fronteiras feitas e desenhadas nos mapas com suas respectivas coordenadas geográficas. Chegam demandas territoriais de diversos vizinhos do Brasil para ela solucionar em tempo hábil – "porque o tempo é um fato de grande importância".[36] Muitas vezes, tais vizinhos endereçam-lhe pedidos de difícil resolução (fabricação); daí ser imprescindível que os demarcadores – operadores que fazem essa máquina funcionar – possuam "conhecimentos técnicos [...] [e] habilidade para contornar as inúmeras dificuldades que lhes apresentam a todo momento no decorrer dos trabalhos".[37] Um caso de solicitação bastante complicada, como sugere o almirante, é definir, perante dois rios "aparentemente com as mesmas características",[38] qual deles é o formador principal e, conjuntamente, qual a nascente principal. Esse é um "problema que não admite solução absoluta",[39] sendo necessário, para ultrapassá-lo, a adoção de critérios (negociados e negociáveis) a serem cumpridos no ato da demarcação.

Não me interessa, pelo menos por enquanto, averiguar como os demarcadores distinguiam um formador principal nem o que realmente estava em cena para a realização de tal distinção. Aqui, minha atenção se volta para outro elemento: o termo "critério". Focalizando-o, apreende-se que não bastavam bons funcionários para o bom funcionamento da máquina Comissão. Às pessoas, uniam-se normas escritas em documentos devidamente assinados pelos chefes comissários: nas "Atas de Conferências", nos "Acordos" e nos "Boletins". O objetivo geral delas era planejar, antecipadamen-

35 A imagem de uma máquina traz consigo outras imagens: acoplamentos, conexões, entradas, saídas, fluxos e cortes (Deleuze & Guattari, 1997, p.10). Na máquina Comissão, arranjos múltiplos são efetuados, tendo como produto a demarcação finalizada, que também se apresenta de múltiplos modos.

36 Aguiar (1940), *Memória*, p.7.

37 Ibidem, p.6.

38 Ibidem, p.7.

39 Ibidem, p.7.

te, as campanhas demarcatórias (Engel, 1968, p.17), impedindo que os demarcadores decidissem, por si mesmos, o que fazer em campo e, consequentemente, diminuindo o índice das "longas e fatigantes discussões".[40]

Mas o que levar em conta para efetuar uma razoável normatização, ou seja, uma normatização que favoreça uma demarcação com baixos custos, e "com o máximo de atividade produtiva"?[41] De acordo com Brás de Aguiar, ao menos as seguintes questões devem ser bem estudadas e respondidas para isso acontecer:

> a) o fim a que se destina o levantamento, se apenas para um mapa geográfico da região fronteiriça, em que figurará a linha limítrofe, os marcos que a caracterizam e os acidentes geográficos mais importantes do território [...]; ou se o trabalho servirá para controlar, mais tarde, algum serviço cadastral ou ligar-se a alguma rede de triangulação geodésica de precisão [...]; b) qual deverá ser a escala do mapa; c) se a região é conhecida e o grau de confiança das cartas existentes; d) se há facilidade de transporte e qual a sua natureza; e) se o trabalho será interrompido durante uma certa época do ano; f) se o levantamento correrá em região montanhosa e coberta de mata ou se em campos ou savanas.[42]

Nesse excerto, nota-se que o almirante vê a preparação da demarcação a partir de quatro lentes: para quê, onde, quando e como. Lentes estas que se implicam mutuamente, embora sinalizem aspectos distintos. Dessa forma, ao se especificar o local onde será realizada a colocação de um marco, simultaneamente, surge o problema de determinar a estação do ano mais propícia para a viagem (quando), já que é a partir da definição dela que se verificará qual o possível regime de chuvas e, conjuntamente, o estado provável que se encontrarão os rios e os caminhos de terra da região (período

40 Ibidem, p.7.
41 Ibidem, p.7.
42 Ibidem, p.9.

de cheia ou seca). Sabendo-se algo sobre tal estado, é possível presumir qual será o melhor meio de transporte – canoa pequena, sem ou com motor, barco, batelão –, e também a quantidade de carregadores dos materiais e alimentos (como). Quando se tem como pano de fundo o conhecimento do onde, seja por meio de mapas antigos (mesmo imprecisos), seja através de livros e fotografias de expedições, seja pelos próprios trabalhos da Comissão, a elaboração dos programas de campo tende a ser menos problemática, pois basta voltar aos dados e projetar tarefas ou rearranjar ações que não foram tão eficazes. No entanto, nem sempre esse conhecimento está presente, o que torna tudo mais complicado. Desconhecem-se os cursos dos rios e, consequentemente, fica-se sempre à mercê de rápidos pedregosos ou quedas d'água de maior declividade, que podem vir a interromper a tranquilidade do percurso e dificultar sobremaneira o transporte dos víveres e dos equipamentos. A isso, soma-se a complicada tarefa de calcular o tempo necessário para a realização de todas as atividades: dentro do escritório, longe do campo de atuação, é difícil mensurar o quão árduas serão as campanhas.

Outra observação importante relaciona-se ao próprio ato de fixar marcos em um local não caracterizado geograficamente: como definir os pontos extremos de um rio, sendo que não se sabe onde ele começa nem onde termina? E os intermediários? Como admiti-los? Brás de Aguiar não oferece uma solução categórica para esse problema, apenas reafirma que "o primeiro dever dos comissários demarcadores é o de proceder ao estudo completo do caso particular, examinando os seus aspectos, para adotar métodos técnicos e administrativos que satisfaçam os fins em vista".[43] Diante dessa asserção, alguém poderia me olhar obliquamente, como se estivesse pensando: "Como eles estudavam algo que ainda era desconhecido? Como preparavam campanhas sem saber para onde iriam?" Dúvidas justas. E elas me conduzem a um breve exercício imaginativo.

43 Aguiar (1940), *Memória*, p.9.

Os qualificativos conhecido e desconhecido, em vez de serem polarizações estanques nas quais o onde reside, devem ser compreendidos como uma escala gradativa de conhecimento: nada é completamente conhecido nem completamente desconhecido. Assim, ainda que não dominassem um caso particular y das terras fronteiriças da Amazônia, os demarcadores já haviam percorrido outras regiões dessa mesma localidade e, por analogia, conseguiam estipular um programa a ser seguido. Eles tinham ideia das recorrentes chuvas, do alto nível de umidade e dos dissabores que passariam nas longas viagens "debaixo de um sol inclemente",[44] sem contar que estavam familiarizados, por exemplo, com os (criativos) métodos técnicos adotados em campo e com os tipos de objetos de medição topográfica e astronômica que deviam ser levados. Essas experiências, transcritas nos relatórios e contadas entre os próprios comissários, eram transformadas, no escritório, em estudos aproximados do desconhecido, tornando-o, em alguma medida, conhecido.

O fato de a Comissão ser permanente também ajudou bastante nas preparações das campanhas. Folheando os relatórios em que a *Memória* fundamentou-se, percebe-se que diversos funcionários, preponderantemente os que assumiam postos mais elevados na hierarquia, como os subchefes, os ajudantes técnicos, os secretários e os auxiliares técnicos, permaneceram os mesmos durante os dez anos de atividade nas Guianas Britânica e Neerlandesa e Venezuela, logo adquiriram muita experiência como demarcadores e conhecedores da região norte. Mas a permanência não diz respeito somente aos funcionários fixos, ela também se relaciona com o escritório da Comissão, sem o qual, por exemplo, os comissionários não se reuniriam com facilidade para discutir suas ideias nem os documentos (relatórios, atas, correspondências, memórias, dicionários etc.) seriam feitos com presteza. Era no prédio do escritório que se encontravam, dentre outros, os seguintes "recintos": as oficinas mecânicas, de carpintaria e de encadernação, onde eram preparados

44 Ibidem, p.8.

os motores godile para as canoas, os móveis, as capas dos relatórios, as caixas para depositar os mantimentos e utensílios das missões demarcatórias; a sala de rádio, na qual se recebiam as notícias de campo e se transmitiam ordens e informações variadas, como a hora do dia, para facilitar o cálculo de longitude, ou recados dos familiares dos demarcadores; a oficina de desenho cartográfico, equipada com mesa, armários, pincéis, tintas e papéis variados; a sala de reuniões, que, por vezes, foi palco das conferências mistas; e a biblioteca e os arquivos, onde se depositavam ordenadamente tudo aquilo que era feito (escrito, fotografado, desenhado, coletado) nas e sobre as fronteiras e que servia de material de pesquisa e apoio às tarefas cotidianas.

Esses componentes, organizados e permanentes, compunham a máquina Comissão, que, segundo Brás de Aguiar, alcançou eficientemente as metas almejadas, desde o século XVIII, pelas primeiras turmas de comissionários. Em pouco tempo, ela fez "o levantamento topográfico de mais de 3000 quilômetros de fronteira, cerca de 4460 quilômetros de rios fora da linha fronteiriça, além de 500 quilômetros de explorações de rios em suas cabeceiras, para localização dos divisores de águas".[45] Muitos espaços de "índios brabos", marcados pelo vazio ou pela não identificação nas cartas geográficas de antigos viajantes, foram devassados e convertidos em linhas metricamente mensuradas e codificadas com nomes e coordenadas. Mais do que isso, foram materializados através de marcos cravados na terra, formando uma linha de concreto capaz de ser "imediatamente reconhecida pelas populações"[46] que habitavam nas proximidades das fronteiras. Como informa o almirante, foram construídos 210 desses marcos e determinadas "as coordenadas geográficas de mais de 300 pontos".[47]

Esses números podem ser lidos como uma quantificação do sucesso da Comissão – sucesso que seria, para muitos pesquisadores,

45 Aguiar (1940), *Memória*, p.1.

46 Ibidem, p.9.

47 Ibidem, p.9.

fruto da boa direção de Brás Dias de Aguiar. E se esses números disserem outras coisas? E se eles, menos que falar do almirante ou mesmo dos anos 1940, falarem de 1928? O que apresentei até aqui tangencia exatamente a última hipótese. Talvez eles sejam pegadas que, se seguidas atentamente, possibilitem o retorno ao período de fundação da Comissão Demarcadora de Limites, vinculada ao Serviço de Fronteiras do MRE. Dito de outro modo, e quiçá com mais densidade, os quilômetros de demarcações efetuadas e a quantidade de marcos instalados evidenciam, para a leitura que proponho, que fora inventada no início do século XX uma potente máquina de produção territorial (utilizando um termo que já apareceu neste texto), através da qual se tornou factível organizar modos melhores de realizar campanhas demarcatórias nas matas, campos e rios do norte brasileiro. Formular isso não é o mesmo que dizer que as fronteiras do Brasil inexistiriam sem ela; viu-se que, antes mesmo de sua criação, já se debatiam e delimitavam as terras do país. O ponto é que a máquina Comissão juntou forças em seu interior (funcionários fixos, produção de arquivos, oficinas próprias, desenhistas, reuniões, estudos etc.) e, como a corda da Imagem 1.5, transformou e intensificou o processo de fabricação das fronteiras. Foi a narrativa desse evento que Brás Dias de Aguiar contou, dentre outras coisas, no IX Congresso Brasileiro de Geografia.

Caderno de imagens 1

Imagem 1.1
Fonte: *Memória* apresentada ao IX Congresso Brasileiro de Geografia, Florianópolis, setembro de 1940 (3 volumes) – página 31, volume 1.

Imagem 1.2
Fonte: *Memória* apresentada ao IX Congresso Brasileiro de Geografia, Florianópolis, setembro de 1940 (3 volumes) – página 31, volume 1.

Imagem 1.3
Fonte: *Memória* apresentada ao IX Congresso Brasileiro de Geografia, Florianópolis, setembro de 1940 (3 volumes) – s. p., volume 2.

Imagem 1.4
Fonte: *Memória* apresentada ao IX Congresso Brasileiro de Geografia, Florianópolis, setembro de 1940 (3 volumes) – s. p., volume 2.

Imagem 1.5
Fonte: *Memória* apresentada ao IX Congresso Brasileiro de Geografia, Florianópolis, setembro de 1940 (3 volumes) – s. p., volume 2.

Imagem 1.6
Fonte: *Memória* apresentada ao IX Congresso Brasileiro de Geografia, Florianópolis, setembro de 1940 (3 volumes) – página 42, volume 2.

Imagem 1.7
Fonte: *Memória* apresentada ao IX Congresso Brasileiro de Geografia, Florianópolis, setembro de 1940 (3 volumes) – s. p., volume 2.

Imagem 1.8
Fonte: *Memória* apresentada ao IX Congresso Brasileiro de Geografia, Florianópolis, setembro de 1940 (3 volumes) – página 80, volume 1.

2
DEMARCADORES E OBJETOS EM AÇÃO

Vida no acampamento

O jornal *O Estado de São Paulo* noticiava, em novembro de 1982, que a Fundação Cinemateca Brasileira recebera Cr$ 120 milhões do recém-criado Programa Nacional de Recuperação do Acervo dos Antigos Filmes Brasileiros, coordenado pela Embrafilme. O motivo do recebimento da verba: um incêndio ocorrido em um dos depósitos da Cinemateca, com a consequente destruição de 1600 latas de filmes elaborados em nitrato, tipo de material autocombustível. A *Folha de S.Paulo* também comunicava: "Cinemateca revela os filmes destruídos". Deparei-me com essas duas notícias fortuitamente. Estava observando os álbuns de fotos da Comissão e, neles, vi algumas imagens que mostravam o fotógrafo contratado fazendo revelações. Diante delas, pensei na possibilidade de existência de vídeos, porém as fotos não traziam indícios disso (ou se traziam, não os percebi). Resolvi, então, perguntar à bibliotecária se os demarcadores haviam produzido filmes, ao que ela me disse: "Produziram, sim, mas não temos nenhum exemplar aqui". Essa afirmação causou-me certo contentamento: existiam imagens em movimento feitas diretamente em campo, isto é, imagens da ação.

Se não estavam ali, estariam em algum outro lugar, bastando, portanto, fazer uma busca em outros arquivos. No entanto, a bibliotecária continuou: "Não temos os filmes, porque a maioria se perdeu em um incêndio". Dito isso, ela retirou uma pasta de um arquivo, entregou-me, e, em seguida, concluiu: "Aqui está o que temos disponível sobre os filmes". Diferentemente da primeira frase, essa última gerou-me desânimo: as imagens inexistiam, foram, simplesmente, queimadas. Restava-me, sabendo disso, ler os papéis contidos naquela pasta[1] e, quem sabe, encontrar nela algum registro que dialogasse com minha temática de pesquisa.

Abri-a. Passando os documentos, que se referiam ao envio de filmes para a restauração, conforme indicava o sumário, lá estavam as notícias do episódio na Cinemateca. Elas haviam sido recortadas dos respectivos jornais, fotocopiadas e, por fim, inseridas na pasta, recebendo marcas de caneta nos trechos que se dirigiam especificamente à Comissão. Ao lê-las, confirmou-se a informação da bibliotecária: os materiais fílmicos que foram enviados para a Cinemateca, em outubro de 1978, e que aguardavam, há quatro anos, o apoio financeiro do Itamaraty para dar início ao processo de restauração, estavam entre aqueles que sofreram "perdas irreparáveis". Próximo a elas, havia também um ofício, enviado, em 1983, por Carlos Roberto de Souza, conservador da Fundação, ao coronel Ivonildo Dias Rocha, então chefe da Comissão, no qual se pontuava que somente o lote desta última tivera um fim totalmente trágico: a perda integral das películas.

Já havia aceitado a possibilidade de não ter acesso a qualquer tipo de filme de campanha, quando a bibliotecária trouxe-me outra informação. Segundo ela, talvez encontrasse algum vídeo da Comissão no Museu da Imagem e do Som (MIS) de Belém, porque, em 2010, um dos funcionários dessa instituição havia ligado para lhe dizer que encontrara, junto de outras coleções, alguns documentários das campanhas encabeçadas por Brás Dias de Aguiar, assim como uma homenagem póstuma feita a esse demarcador.

1 Pasta "Cópias dos documentários a respeito da PCDL".

Todas essas informações estavam arquivadas na referida pasta. Não havia percebido que o termo de cessão de filmes nela mantido relacionava-se a documentários diferentes daqueles que foram destruídos pelo fogo. Observando atentamente, notei que as datas eram bastante discrepantes. Como já disse, os materiais foram enviados para a Cinemateca em 1978 e perdidos em 1982, enquanto o termo de cessão foi assinado em 1984 e tinha como remetente a Secretaria de Cultura, Desportos e Turismo, que, possivelmente, as transferiu para o MIS. Havia a lista de nove filmes.[2] Anotei-a. Senti, novamente, certo entusiasmo. Estava reaberta a possibilidade de ver imagens das demarcações, das pessoas e dos objetos que as efetivaram. Não poderia deixá-la escapar agora. Obtive o telefone do MIS e, no dia seguinte, entrei em contato com o responsável pelo acervo. Expliquei-lhe os interesses da minha pesquisa e perguntei-lhe acerca dos filmes. De fato, ainda existiam as películas, mas não se encontravam em Belém. Elas estavam sendo restauradas na mesma Cinemateca e só retornariam para o MIS no final de 2011. Com essa resposta, fiquei certo de que não contaria, pelo menos durante o mestrado, com os arquivos fílmicos. Em pouquíssimo tempo (menos de 24 horas), a mesma fonte de pesquisa realizou, diante dos meus olhos, quatro movimentos: aproximou-se, afastou-se, reaproximou-se e, de novo, afastou-se.

Talvez esse começo pareça um pouco torto em um capítulo que pretende discutir a vida em campo dos demarcadores. Não seria mais correto partir direto para a análise dos dados dos documentos? Isso seria possível, contudo não é minha opção analítica. Considerando a via metodológica pela qual me encaminho, é fundamental explicitar, de algum modo, as trajetórias que os papéis ou outros materiais percorrem até se tornarem um artefato documental (Castro & Cunha, 2005, p.3-5; Cunha, 2005, p.7-32; Castro, 2005,

2 Os seguintes filmes constam na lista: *Homens na água/Animais abatidos*; *Imagens feitas na Amazônia*; *Rio Branco, Comissão Demarcadora de Limites*; *Rio Surumu*; *Viajando no Rio Comuno, afluente do Mapuera*; *Demarcação da Fronteira Brasil-Venezuela*; *Homenagem póstuma a Brás Dias de Aguiar*; *Rio Branco*; *Rio Erepecuru ou Cuminas*.

p.33-42). A esse tornar, vêm embutidas as "seleções e decisões" e os motivos que fizeram com que "certos documentos, e não outros, [fossem] considerados relevantes para integrar o arquivo" (Castro, 2005, p.36). Nesse sentido, passar pelo acontecimento "incêndio na Cinemateca" é um meio de compreender por que foi montada uma pasta contendo folhas que remetem aos filmes antigos da Comissão. Se estivessem dispersas, essas folhas assumiriam conotações e valores distintos: seriam, quem sabe, um ofício perdido dentro da gaveta da mesa do diretor da instituição, ou apenas uma tabela de nomes de filmes que deveriam ser enviados a algum lugar ou um roteiro de algum documentário a se fazer (não um documentário já feito e queimado). Reunidas e rearranjadas por alguém (um arquivista, uma bibliotecária?),[3] elas adquirem outra faceta, passam a ser uma espécie de memória histórica das imagens cinematográficas das campanhas, projetando-se dentro do armário de metal em que são guardados, ao lado delas, livros de biografia de demarcadores/diplomatas e papéis avulsos. Os filmes podem até inexistir no interior do escritório, mas a 'pasta de folhas juntas' está lá, preservada, contando o que eles eram, como foram feitos, como alguns se perderam em 1982 e como outros foram reencontrados no ano de 2010 em um setor do MIS. É a essa memória – o resultado da seleção e organização arquivística (Castro, 2005, p.39) – que os pesquisadores têm acesso quando chegam à biblioteca e demandam algo que se relacione aos vídeos feitos pelos comissionários. E foi exatamente isso o que aconteceu comigo.

Tendo-a em mãos (fotografada e visualizada no computador, posteriormente), tive de fazer escolhas, a fim de que ela se tornasse produtiva para a minha discussão. A primeira delas foi abandonar o teor histórico que o invólucro de memória fornecia-lhe. Para tanto, desmembrei as páginas e, em seguida, resolvi não concatená-las pelas datas, o que me permitiu desfazer a junção (arbitrária) que a pasta lhe impunha. Depois disso, como estava motivado a des-

3 Não havia nenhum dado na pasta nem em outros documentos, informando quem a organizou e quando foi organizada.

crever o desenrolar da vida dos demarcadores e objetos em campanha, elegi os roteiros dos documentários como foco. Esses escritos – conquanto não falassem, diretamente, da convivência dos trabalhadores entre si nem explicitassem como eram efetivados, na prática, os métodos e as técnicas de medição – enviavam-me para fora dos muros da Comissão, levavam-me para os longínquos trechos das demarcações. Na falta dos filmes, eles eram, para mim, bons mecanismos para efetuar deslocamentos espaciais e temporais.[4] Para potencializar ainda mais a contínua movimentação do 'escritório-2011' para o 'campo-1928-1947', acionei as fotografias e também os relatórios e agrupei-os artificialmente. Juntos, propiciaram-me imaginar e experimentar ideias e narrativas sobre as demarcações e sobre as estratégias da Comissão e as táticas dos trabalhadores[5] (De Certeau, 2000, p.40-5) como se estivesse seguindo uma campanha.

Mas por que tamanha atração pela vida em campanha, pela ação? Além de ser o local onde todos os projetos são postos em prática e no qual a Comissão opera com mais vigor, a vida em campanha é onde se encontram os "imponderáveis", utilizando um termo malinowskiano, das demarcações, através dos quais é possível preencher com "carne e sangue" o "esqueleto vazio" (Malinowski,

---

4 Não menciono, durante a narrativa, nenhuma parte dos roteiros dos filmes, pois os relatórios possuem textos/passagens mais interessantes para o meu objetivo. Dos roteiros, apreendo algumas divisões dos deslocamentos, mas acrescentando muitas outras e inserindo vários aspectos que eles não apontam.

5 Para Michel de Certeau, "*las tácticas son procedimientos que valen por la pertinencia que dan al tiempo: en las circunstancias que el instante preciso de una intervención transforma en situación favorable, en la rapidez de movimientos que cambian la organización de espacio, en las relaciones entre momentos sucesivos de una jugarreta, en los cruzamientos posibles de duraciones y de ritmos heterogéneos*" (2000, p.43). Já as estratégias estão ligadas não ao tempo, mas ao lugar. Isso talvez me possibilite pensar a Comissão como um lugar produtor de estratégias para se deslocar rumo a outros lugares, como visto no capítulo 1. Diz De Certeau: "*las estrategias son pues acciones que, gracias al principio de un lugar de poder (la propriedad de un lugar propio) elaboran lugares teóricos (sistemas y discursos totalizadores) capaces de articular un conjunto de lugares físicos donde se reparten las fuerzas*" (p.43).

[1922] 1978, p.29) dos textos e análises que só se fundamentam nos fatos terminados dos trabalhos dos demarcadores. É na vida em campanha, em outras palavras, que aparece tudo aquilo que sustenta a implantação de um marco e a fabricação (material) de fronteiras.

Deslocamento 1: seleção de trabalhadores

Com os funcionários da Comissão e seus projetos de demarcação, parto rumo aos locais que se tornarão as linhas materializadas da fronteira. Alguns demarcadores vão diretamente para Manaus, tendo como meio de transporte ou os aviões da Panair, uma das primeiras companhias aéreas operantes no Brasil (e que já atuava no norte), ou, o que era mais comum, os vapores da Amazon River. Outros se dirigem para Óbidos pelo vapor Almirante Jaceguay, da Lloyd Brasileiro. Uns e outros têm metas distintas: os que vão para Manaus objetivam organizar os materiais e preparar os últimos detalhes para o bom desenrolar da campanha; já aqueles que se dirigem a Óbidos contratarão trabalhadores para compor as turmas brasileiras.[6] Ademais, uns e outros também não têm conhecimento do que cada um realiza separadamente, em locais afastados. Escolher ir atrás de um deles é decidir não saber o que ambos fazem ao mesmo tempo. E essa é uma escolha inevitável.

Sigo, inicialmente, aqueles que vão para Óbidos. São funcionários que ocupam os cargos de médico, o senhor Nelson Corrêa, e farmacêutico, o senhor Esterlita Pernet. Com eles, vejo-me diante de homens que serão examinados (Imagem 2.1). Somente alguns deles irão para o campo, pois nem todos são capazes de suportar a árdua tarefa de demarcar terrenos insalubres e cercados, quase sempre, por uma natureza hostil. Os examinadores consideram aptos os que estão "em perfeitas condições de saúde e compleição física robusta".[7] Tais qualificações não são observadas apenas a olho nu;

6 Caixa "Boletins", 1934-1946, s.p.

7 Aguiar (1940), *Memória*, s.p.

ao contrário, "cada candidato é submetido a uma rigorosa inspeção de saúde, especializada para os fins a que se destina".[8] Altura, peso, qualidade da dentição e frequência de surtos de malária são alguns dos tópicos considerados nos exames. No caso da malária, por exemplo, pergunta-se ao próprio candidato quando foi a última vez que esteve de cama devido a essa doença e colhem-se amostras de seu sangue para análise. O futuro trabalhador pode ter passado recentemente por uma forte crise de febre; o que não se admite é que esteja em um estado de grande fraqueza. Como sinalizam alguns relatórios, se fossem considerados inaptos os infectados por malária, dificilmente seriam encontrados, na Amazônia, homens para atuar junto dos demarcadores, porquanto ali "a malária crônica já é [...] uma situação normal de vida"– todos, recorrentemente, sofrem com ela, mas "terminado [seu] acesso, o [doente] continua apto para a labuta diária, que, embora em piores condições, mantém continuamente".[9]

Não basta, no entanto, possuir saúde física para ser escolhido pelos médicos. Outro quesito é também relevante, qual seja: aptidão para trabalhos rudes. Pensando nisso, são contratados, preferencialmente, aqueles que advêm de populações interioranas. De acordo com os examinadores que acompanho, "a prática [...] tem revelado que [...] poucos elementos de outra esfera [meio urbano] suportam, sem prejuízo físico, a grande energia solicitada".[10] Com efeito, esses homens passarão por experiências pesadas durante os meses de campanha. Serão três, quatro, cinco, seis ou até sete meses imersos em regiões distantes de suas casas e de suas famílias, andando muitos quilômetros diariamente, remando canoas sobre águas velozes. Além da distância e da própria pressão exercida pelo ambiente natural, esses trabalhadores temporários, diferentemente daqueles que ocupam posições estáveis e superiores na hierarquia da Comissão, estarão obrigados a cumprir os serviços mais penosos

8 Ibidem, s.p.

9 Aguiar (1940), *Memória*, s.p.

10 Ibidem, s.p.

e a seguir, à risca, as regras de convívio preestabelecidas pela chefia em Belém. Como indica o modelo de contrato de trabalho anexado nos Boletins, eles deverão carregar sobre seus ombros as cargas diversas levadas para campo, abrir picadas nas matas fechadas, cortar árvores para a construção de sinais aerofotogramétricos sobre o chão, limpar rios para a passagem de canoas, arrastar as embarcações pelos trechos interrompidos por extensas lajes. Acrescente-se a isso o fato de que também terão de acatar todas as ordens estabelecidas por seus superiores, que não podem ser constrangidos por nenhum motivo. Em relação ao convívio social, estarão impedidos de consumir bebidas alcoólicas nos acampamentos, e se descumprirem essa norma, ficando embriagados perante os outros companheiros, serão dispensados e enviados de volta para casa na primeira embarcação que ali aparecer.[11] Sinteticamente, o trabalhador ideal é o homem abnegado, forte e saudável fisicamente, o homem que tudo suporta para levar a cabo as metas da Comissão.

Os que se enquadram minimamente nesse padrão são contratados. A maioria exercerá a função genérica de "carregador", outros, porém, assumirão os papéis de "cozinheiro", "mateiro" e "prático".[12] Numa escala, os carregadores – já descritos – receberão o menor salário e os mateiros, o maior.[13] Talvez isso se explique pela

11 Caixa "Boletins 1934-1946". junho de 1939, s.p.

12 Os relatórios também mencionam a participação de praças (soldados do exército) nas campanhas, porém não especificam bem quais as funções a eles designadas. Vez ou outra, revelam que alguns soldados cumpriam o papel de capataz, outros, de enfermeiro. Mas também exerciam funções menores, como cozinheiro, mateiro e mesmo carregadores. Não foquei minha atenção nos trabalhos dos profissionais do exército. Talvez seja uma empreitada interessante para outros trabalhos. Até mesmo para refletir melhor acerca da relação da Comissão com o Serviço de Geografia do Exército. Ressalto, uma vez mais, que os chefes e alguns subchefes comissionários eram advindos de altas patentes dos serviços militares – veja, por exemplo, o caso de Brás Dias de Aguiar.

13 Em um boletim de junho de 1939 (s.p.), são registrados os seguintes valores salariais para um período de dez meses: Comissão: Trabalhador, isto é, carregador – 120$000; Cozinheiro – 150$000; Mateiro – 250$000. Caixa "Boletins 1934-1946".

razão de que estes, da perspectiva dos comissionários, cumprirão tarefas que exigem mais experiência e sagacidade, como descobrir onde se localizam as nascentes dos rios mais importantes para a fixação dos marcos nos extremos da linha de fronteira. Os mateiros, por se embrenharem nas matas antes de toda a turma, a fim de averiguar os aspectos gerais do ambiente, indicarão os movimentos e caminhos a serem feitos, em terra, pelos demarcadores, o que facilitará o processo de definição das localizações mais adequadas para a montagem de acampamentos ao longo das margens dos rios e, consequentemente, propiciará um menor dispêndio de energia no deslocamento de alimento e materiais pelos carregadores. Os práticos, presentes sobretudo nas demarcações efetuadas em lugares geograficamente pouco conhecidos, servirão de guias nos rios e atentar-se-ão para os trechos ausentes nos mapas, antecipando as cachoeiras e os pontos de difícil navegabilidade. Com o auxílio deles, os naufrágios poderão ter menor incidência. Também trarão informações sobre as vilas e povoados pelos quais os demarcadores passarem, bem como sobre os povos indígenas que habitarem nas proximidades. Na medida do possível, serão muito úteis para o estabelecimento pacífico de contatos com tais índios, que, como mais à frente será pontuado, são importantes para a concretização dos programas de campanha.

Mateiros, cozinheiros, práticos e carregadores estão alistados e dispostos a seguir para o campo. Todos já sabem como receberão os seus vencimentos e a quais benefícios financeiros terão direito. Isso lhes é dito (ou pelo menos deveria) antes de ser finalizada a negociação com os contratantes. Eles sabem, por exemplo, que "[o]s trabalhadores que se salientarem por serviços excepcionais e tiverem mais de 6 meses de trabalho no campo terão uma gratificação por indicação do chefe da turma, correspondente a um ou dois meses de ordenamento se tiverem mais de 6 meses e menos de 9; de dois a três meses se tiverem mais de nove meses de trabalho de campo".[14]

14 Caixa "Boletins, 1934-1946". Boletins de 1939, mês de junho, s.p.

Cada um deles também está ciente de que terá acesso, antes da partida, aos seguintes "equipamentos" de sobrevivência no campo:

1 – rede;
1 – mosquiteiro;
1 – manta;
2 – roupas de mescla;
1 – par de borzeguins de couro preto;
1 – chapéu de carnaúba;
1 – cinto de couro;
1 – prato esmaltado;
1 – colher de ferro;
1 – faca de marinheiro com bainha;
1 – isqueiro;
3 – pedras de isqueiro (por mês);
6 – caixas de fósforo (por mês);
½ – molho de tabaco (por mês);
500 – folhas de papelinho (por mês);
1 – tablete de sabão (por semana);
1 – jamaxi [tipo de cesto];
6 – metros de arpoeira para jamexi;
½ – isca.[15]

Examinados e munidos com seus "equipamentos", os homens estão prontos para zarpar.

Deslocamento 2: breve passagem por Manuaus

De Óbidos, vou para Manaus. Aí me encontro com as pessoas que fazem os últimos ajustes no aviso "Tocantins", uma das principais embarcações pertencentes à Comissão. Esse barco foi montado, em Belém, pelos mecânicos e carpinteiros da instituição e passou a ser utilizado em praticamente todas as campanhas. Revisá-lo, antes do início das atividades, é uma forma de assegurar que não haverá tantos problemas no meio do caminho nem se perderá tempo desnecessariamente: um motor godile enguiçado,

15 Caixa "Boletins, 1934-1946". Boletins de 1942, mês de setembro, s.p.

buracos ou madeiras podres na carcaça podem ocasionar pequenos acidentes e até mesmo impedir o movimento dele sobre as águas. Isso, por vezes, acontece,[16] então, é necessário ficar sempre atento aos pequenos detalhes. Outras embarcações já se acham terminadas, no ponto, portanto, de partir. Os fundos de todas elas foram preparados com madeiras resistentes e calafetados com parafina, possibilitando-lhes não só suportar as correntezas, mas também, e principalmente, o contato com as pedras dos lugares pelos quais serão arrastadas (Imagem 2.2).

Para minha surpresa, os homens contratados em Óbidos foram transportados para Manaus, onde, pelo que parece, convergem todos aqueles que estão atuando para a Comissão. As labutas dos carregadores iniciam-se ali: precisam pôr as caixas de madeira, contendo víveres e materiais técnicos, dentro dos barcos. Tais caixas são inspecionadas por um funcionário específico, que deve numerá-las e elencar, ordenadamente e em uma folha de papel, tudo aquilo que cada uma delas guarda. Essa meticulosa organização é fruto de anos de experiência. Houve um período em que não se sabia o que as caixas continham individualmente – os cozinheiros, por exemplo, tinham certeza de que foram levados pacotes de arroz, mas desconheciam onde estavam no meio daquela grande quantidade de carregamento. Com o método de divisão por numeração, como dizia o demarcador Rubens Nelson Alves, "não se pode desejar mais facilidade e garantia para os nossos víveres; não só podemos saber, no momento, com quanto contamos, como também pela segurança que oferece o seu acondicionamento".[17]

Os carregadores começam a arrumar as cargas dentro dos barcos. São muitos volumes, porém o serviço transcorre com presteza,

16 Aparecem, nos Boletins, problemas que as embarcações sofriam. Cito um deles: "O aviso Tocantins que conduzia a turma do Tiquiridai, sob a chefia do Dr. Leônidas de Oliveira, sofreu avaria no eixo de manivelas do motor principal, nas proximidades de Curralinho, no dia 1°, sendo rebocado até essa cidade". Caixa "Boletins 1947-1950", 1947, mês de março, p.8.

17 Caixa "Relatórios 1879-1941 – Fronteira Brasil-Venezuela". Relatório de campanha, 1938-1939, p.17.

uma vez que estão em operação vários trabalhadores – aproximadamente 60 homens foram contratados. Brás Dias de Aguiar, que também viajara para Manaus, reúne-se com seus subalternos, isto é, os ajudantes e auxiliares técnicos que exercerão a chefia das turmas durante a campanha, e confere os programas de atividade, a fim de que não haja nenhuma dúvida acerca do que os brasileiros devem fazer e qual o tempo previsto para o término de tudo. Ele, ao mesmo tempo, conversa, via telégrafo, com os representantes dos países fronteiriços e acerta as poucas questões pendentes, definindo, por exemplo, quando ambas as comissões (brasileira e estrangeira) encontrar-se-ão no terreno e iniciarão os trabalhos combinados durante as conferências bilaterais.

A reunião conclui-se. Há sinais de que se deu a hora da partida: o aviso "Tocantins" içou sua âncora; todos os materiais estão embalados e depositados dentro das embarcações; os batelões estão amarrados uns aos outros, prontos para serem rebocados; os passageiros estão em seus devidos lugares. Ouve-se o toque da buzina. Aos poucos, Manaus se distancia e, no horizonte, espera-se o surgimento das terras que receberão os marcos sinalizadores de fronteira (Imagem 2.3).

Deslocamento 3: problemas de percurso

A viagem para a campanha está tranquila, embora, vez ou outra, apareçam alguns obstáculos, como pedrais entre as corredeiras. Só se tem essa tranquilidade porque o prático que conduz o aviso é bastante experiente. Ele transpõe trechos "apertados e perigosos" com "habilidade e perícia de perfeito conhecedor".[18] Isso é favorável para os trabalhadores, que ainda não se engajaram em nenhuma tarefa desgastante. Mas, infelizmente, nem sempre o percurso se dá de modo tão agradável. Histórias de viagens sem grandes problemas são, na verdade, incomuns nos relatórios de demarcação. Nes-

18 Caixa "Relatórios 1944-1950 – Fronteira Brasil-Venezuela". Relatório de campanha, 1947-1948, p.5.

tes, se multiplicam páginas de narrativas de tragédias e dificuldades passadas nas bacias dos rios amazônicos. Conto algumas delas.

Em 1947, indo para o divisor de águas Amazonas-Orinoco, especificamente em direção às cabeceiras dos Rios Pacu e Surumu, localizados nas imediações dos territórios venezuelanos e brasileiros, o senhor Rubens Nelson Alves, então ajudante técnico da Comissão, passou, junto de seus subordinados, por uma situação um pouco complicada. Estavam viajando com o aviso "Tocantins" e desejavam "aproveitar as condições de boa navegabilidade no Rio Branco apesar de suas águas [...] em declínio".[19] Já nos primeiros quilômetros de navegação, o aviso encalhou. Em Manaus, autoridades da Comissão, sabendo do acontecimento, informaram ao comandante, por telégrafo, que não era preciso continuar a viagem a montante; o que ele deveria fazer, sim, era descarregar o barco e aguardar a chegada de embarcações menores e mais adequadas para rios em vazante; nelas, ele poderia seguir despreocupado.

A "recomendação especial" não foi cumprida. O comandante e seu prático retomaram os rumos da navegação, depois de oito horas parados. Todavia o esperado aconteceu: o aviso encalhou, novamente. E isso se deu por um "lamentável erro de navegação": "O prático abandonando o canal, entrou com máquinas a meia força, no baixio daquela praia até sentir a embarcação totalmente presa e, somente nesta ocasião, deu sinal para parar a máquina". [20] Se na primeira vez foi difícil desencalhar o navio, na segunda, tudo piorou ainda mais. Ele estava "com 2 pés d'água na proa, quando necessitaria, pelo menos, de 5, e 2,5 na popa, e, nesta circunstância, atravessado no rio à guisa de barragem, de maneira que a correnteza, cavando areia do lado de montante, soterrava o de jusante".[21]

19 Caixa "Relatórios 1944-1950 – Fronteira Brasil-Venezuela". Relatório de campanha, 1947-1948, p.6.

20 Caixa "Relatórios 1944-1950 – Fronteira Brasil-Venezuela". Relatório de campanha, 1947-1948, p.7-8.

21 Caixa "Relatórios 1944-1950 – Fronteira Brasil-Venezuela". Relatório de campanha, 1947-1948, p.8.

Tentaram-se várias manobras para reverter a situação, mas nenhuma alcançou grandes rendimentos. Os comissários decidiram, então, chamar um bom prático da região. Para o local, encaminhou-se o senhor Antônio Terêncio de Lima, mais conhecido como Tota. Chegaram também mais 35 trabalhadores, duas lanchas e um batelão equipado com motor godile. Esses recursos somaram-se aos que lá já estavam presentes. Iniciou-se uma nova tentativa, cuja orientação foi dada por Tota:

> [O] serviço [...] consistiu em enterrar um ancorote ("defunto", na gíria de bordo) num único ponto favorável, porém, distante da terra cerca de 400 metros, de maneira que, para ser puxado pelo bolinete de bordo, foi necessário emendar todos os cabos existentes nas embarcações à amarra do Tocantins. Este esforço era, ao mesmo tempo, aumentado pelo impulsionamento das três lanchas, com as suas respectivas proas no costado do aviso, e, ainda, todos os homens presentes, em número de 60, empurrando em direção ao canal.[22]

Toda essa movimentação funcionou muito bem. Após seis horas de "estafante trabalho",[23] o aviso Tocantins foi retornado para o curso do rio, distante das areias que tão rigorosamente prenderam-no. Estava liberto para voltar a Manaus, deixando aos barcos de pequeno porte as incumbências que lhe foram designadas anteriormente.

Outra história (quase trágica) advém dessa mesma campanha. Depois de perder bastante tempo desencalhando o aviso "Tocantins", os comissários decidiram continuar a viagem o mais depressa possível. E assim fizeram. Reembarcaram todas as caixas que estavam sobre a terra e partiram na mesma noite. Mais uma vez, estava restabelecida a calmaria nas águas. Apareciam somente fatos roti-

22 Caixa "Relatórios 1944-1950 – Fronteira Brasil-Venezuela". Relatório de campanha, 1947-1948, p.9.

23 Caixa "Relatórios 1944-1950 – Fronteira Brasil-Venezuela". Relatório de campanha, 1947-1948, p.9.

neiros para serem tratados e pensados pelos comandante e prático da nau: atravessar uma pequena queda d'água, manter fixo o barco no canal, retirar árvores que barravam o caminho. Tal quadro permaneceu idêntico por cerca de quatro dias, quando algo inesperado assustou todos aqueles que estavam rumando para o Rio Surumu.

A lancha "Solimões", que assumira a posição ocupada pelo "Tocantins", havia acabado de ultrapassar um trecho considerado muito perigoso pelos navegantes. Para cruzá-lo, era indispensável retirar todo o carregamento. Não se podia correr riscos, já que havia comida e aparelhos técnicos entre as bagagens. Nada melhor, então, do que levar as caixas por terra até a parte navegável, que estava a 300 metros de distância dali. Fez-se a passagem e, logo depois, as coisas foram nela recolocadas. No entanto, naquele dia o trecho verdadeiramente arriscado ainda estava por vir. A "Solimões" seguia navegando e iria atingir, nos próximos minutos, "o lugar chamado Guariúba, também conhecido por Boca da Estrada". Estava em "plena correnteza", em direção à cachoeira do Bem Querer. Nesse instante, "aconteceu quebrar-se o [seu] gualdrope", isto é, o par de fios de arame que transmite ao eixo do leme os movimentos feitos em sua roda. Com os fios quebrados, a lancha não podia ser direcionada pelo prático, sendo "arrastada e levada à mercê da corrente". Os que observavam a situação pensaram, provavelmente, que a lancha arrebentaria e se perderia, por completo, no "labirinto de pedras que se apresentavam perigosíssimas". O interessante é que isso não se realizou e, mais ainda, que as próprias pedras, possíveis sujeitos da destruição da embarcação, tornaram-se sujeitos de sua salvação. A lancha "ficou presa sobre uma grande laje, meio submersa, evitando, nessa circunstância, consequências que seriam funestas e irreparáveis".[24]

Passado o susto, os mecânicos que estavam a bordo foram verificar o porquê do acidente. Constataram que o barco não fora bem inspecionado em Manaus, pois o par de gualdrope estava "em

24 Todas as citações desse parágrafo referem-se à Caixa "Relatórios 1944-1950 – Fronteira Brasil-Venezuela". Relatório de campanha, 1947-1948, p.12.

condições precaríssimas, [...] grande parte de seus elos estava completamente corroída e, consequentemente, sem a resistência devida para suportar o leme de uma embarcação em manobras rápidas para vencer uma corredeira longa".[25] Outros trabalhadores perceberam que uma canoa, mesmo não sendo destruída, havia sofrido algumas avarias: a borda falsa da proa, onde se prendia o cabo de reboque, estava toda arrebentada – ela não suportou os fortes arranques a que foi submetida. E não é só isso. Até mesmo um dos batelões rebocado "no costado da lancha" fora bruscamente atingido. Em seu fundo, encontrou-se "um rombo de 0,25x0,15m", através do qual começou a entrar grande quantidade de água. Tentando socorrê-lo, algumas pessoas mergulharam no rio, passaram a carga que estava em seu interior para outras canoas e, para não deixá-lo afundar, fizeram uso do "clássico meio de emergência", chamado, pelos pescadores e navegadores regionais, de "bacalhau": "[...] fazer deitar, sobre toda a extensão do rombo, um saco, de igual tamanho, com farinha d'água molhada e fazê-lo com taboas pregadas no local".[26] Findo o salvamento, os homens desencalharam a "Solimões", consertaram-na horas depois e, finalmente, voltaram a navegar, mas tinham plena consciência de que novos imprevistos poderiam alargar ainda mais o tempo da viagem.

As dificuldades apresentadas dizem respeito a acontecimentos pontuais, passageiros. Contudo, há exemplos de estorvos que permanecem ao longo de todo o percurso, tornando-o demasiadamente moroso. Numa campanha realizada também em 1947, os demarcadores tiveram de enfrentar a complicada tarefa de cortar as águas do Rio Tiquiridai (fronteira brasileiro-venezuelana) em pleno período de seca. Como constava no programa, esta era esperada, mas não de modo tão forte. Desde os primeiros dias de navegação, já se avistou o que viria pela frente: pouca água e muito trabalho. Nos trechos em que era possível, fez-se a abertura de

25 Caixa "Relatórios 1944-1950 – Fronteira Brasil-Venezuela". Relatório de campanha, 1947-1948, p.12.

26 Todas as citações desse parágrafo referem-se à Caixa "Relatórios 1944-1950 – Fronteira Brasil-Venezuela". Relatório de campanha, 1947-1948, p.12.

canais para passar as embarcações; noutros, isso era uma completa perda de tempo, pois, mesmo abrindo-os, as canoas continuavam agarradas à terra. A única opção que restava era descer dos barcos, enfiar os pés n'água e segurá-los pelas bordas, deslocando-os com a força dos braços. Isso, por si só, era custoso, mas, como se não bastasse, outros elementos somavam-se a ele. Havia o problema da sujeira da areia depositada no leito do rio, no qual se encontravam, em inúmeros pontos, pedras lascadas e pedaços de paus, principalmente de jauaris, madeira cujos "espinhos passaram a constituir extraordinário perigo à caminhada".[27] O Tiquiridai também era povoado por arraias que ferroavam os pés descalços dos trabalhadores, diminuindo a quantidade de carregadores e aumentando o número de atendimentos diários dos médicos.

Após longos dias de sequidão, veio a chuva. O rio começou a encher-se, o que permitiu o progresso da navegação. Porém, as chuvas não trouxeram apenas favorecimentos; com elas, vieram também outros tipos de preocupação e, claro, acidentes. A correnteza do rio ficou mais forte, as cachoeiras mais perigosas e árvores foram derrubadas pelo vento. Assim, o que, antes, era somente um pedaço de madeira que cortava o pé tornou-se um tronco no meio do caminho, um tronco capaz de provocar o naufrágio de uma canoa. E isso chegou a acontecer. Estavam os demarcadores indo em direção a uma cachoeira denominada Uianari, quando uma das canoas bateu, em alta velocidade, em um pau atravessado na água, ficando completamente desgovernada e, por conseguinte, afundando. A carga que ela conduzia rio acima foi perdida: "rifles, espingardas, conservas, boa quantidade de rancho [caixas com alimento diário] e toda a bagagem [de uma parte] da tripulação".[28] Felizmente, ninguém se feriu. Apenas se atrasou um pouco mais a viagem para os trabalhos.

Outras histórias semelhantes poderiam ser narradas, mas as que foram expostas são suficientes para se imaginar como se deram

27 Caixa "Relatórios 1944-1950 – Fronteira Brasil-Venezuela". Relatório de campanha, 1947-1950, p.5.

28 Caixa "Relatórios 1944-1950 – Fronteira Brasil-Venezuela". Relatório de campanha, 1947-1950, p.8.

algumas viagens de campanha, especificamente aquelas que não foram marcadas apenas por tranquilidade (como acontece com a minha). Além disso, não há mais tempo para continuar. Contando essas pequenas histórias, parece que o percurso se fez mais ligeiro. Já vejo, logo à frente, onde será feita a demarcação. Daqui a alguns minutos, o barco parará e todos descerão para armar as barracas, definir melhor as atividades diárias e realocar adequadamente a carga que foi trazida para a mata. Paro, então, por aqui, e junto dos comissários, encaminho-me para o acampamento.

Deslocamento 4: barracas e alimentação

Os trabalhadores montam o "acampamento base das canoas" – denominação dada ao local que servirá de ponto de encontro e apoio aos demais acampamentos construídos à margem dos rios que passarão pelo processo de levantamento topográfico e hidrográfico durante a demarcação. O sítio eleito como base é "mais ou menos plano, com água próxima, mas relativamente alto para evitar possíveis inundações".[29] Nele, uns eliminam as poças d'água que favorecem a proliferação de mosquitos causadores de doenças e capinam o chão, para deixá-lo propício à fixação das barracas de lona e madeira, onde todos estenderão suas redes e mosquiteiros para, à noite, descansar da longa rotina – levantar às cinco ou seis horas da manhã e trabalhar até às 18 horas, parando apenas para um breve almoço.[30] Outros derrubam alguns arbustos para liberar passagem, tendo o cuidado de deixar as "árvores maiores para dar sombra em cima dos toldos".[31] Outros, ainda, retiram as caixas das canoas e

---

29 Caixa "Relatórios 1944-1950 – Fronteira Brasil-Venezuela". Relatório de campanha, 1944-1945, p.16.

30 Cumpre frisar que trabalhadores em geral, oficiais (médicos, engenheiros, auxiliares e ajudantes técnicos) e suboficiais (telegrafistas) dormirão em diferentes barracas: enquanto os primeiros dormirão em grupos de seis, os últimos terão barracas individuais.

31 Caixa "Relatórios 1944-1950 – Fronteira Brasil-Venezuela". Relatório de campanha, 1944-1945, p.16.

barcos e depositam-nas no interior de um barracão grande e alto, forrado com palhas secas, semelhante a certas habitações indígenas. Tudo é disposto segundo as normas de higiene estipuladas pelos médicos, que sempre se preocupam com as maneiras de evitar-se qualquer tipo de transtorno de saúde. Um bom acampamento, isto é, um acampamento limpo e bem organizado, diminui os riscos que as pessoas podem correr no interior da selva, riscos que nem sempre são solucionados pelos medicamentos e operações feitas pelos profissionais da área de saúde que lá se encontram.

Os demarcadores aprenderam a construir um bom acampamento testando possibilidades, adquirindo experiência com os erros e também conversando com os nativos que moram nas proximidades das regiões fronteiriças e, por tal razão, sabem como sobreviver nesse meio. Considerando isso, é possível imaginar que a maioria dos elementos que compõe o cenário do acampamento, do mais simples ao mais sofisticado, foi objeto de debate. As coisas não estão ali por mero acaso. Foram escolhidas entre outras e estão lá como coisas estratégicas, ou seja, coisas que possibilitam a permanência em campo e, sobretudo, a demarcação dos limites territoriais. Se uma delas falha, a rotina diária tende a ser mais estafante e, na pior das hipóteses, insuportável. As lonas que cobrem cada uma das barracas, por exemplo, foram compradas pela Comissão tendo em vista a leveza e a capacidade de resistência às duras e variadas condições climáticas (Imagem 2.4). Alguém, distante dos dilemas das campanhas (fora do processo), poderia considerar óbvia essa afirmação, porém não foi uma obviedade que os demarcadores vivenciaram. A melhor lona foi definida depois de uma série de testes de durabilidade. Na prática, muitas cabanas provaram ser incapazes de proteger os trabalhadores da luz do sol, das chuvas e dos ventos forte, eficazmente; vários foram os tecidos de algodão e nylon que se rasgaram, descosturaram e apodreceram com rapidez.[32]

32 Caixa "Relatórios 1944-1950 – Fronteira Brasil-Venezuela". Relatório de campanha, 1944-1945, p.8-11.

Outra escolha estratégica foi o modo de acondicionar os víveres. Nas primeiras viagens, eles eram guardados desordenadamente, como já foi dito, e em latas mal fechadas, o que propiciava a entrada de insetos/animais, líquidos ou sujeiras advindas do ar. Em 1931, o capitão de corveta Alfredo Miranda Rodrigues, subchefe da campanha no Rio Tacutu, próximo à Guiana Britânica, aludia para a "máxima importância" de se pensar acerca da melhor maneira de empacotar os alimentos de campanha. Segundo ele, esse era um assunto que não recebera, na época, "a devida atenção" e, por isso, apareciam tantos problemas com a comida.[33]

Rodrigues contava que o costume era uma empresa, chamada "Casa Palmeira", enviar as latas de mantimentos parcialmente lacradas para a Comissão, que, por conseguinte, as encaixotava e as embarcava rumo às fronteiras. Não havia nenhuma inspeção por parte dos comissários. Quando elas chegavam a campo, percebia-se que todas foram soldadas apenas nos cantos das tampas, deixando uma abertura extensa para os cupins. Houve situações em que, em vez de soldadas, foram somente "fechadas com tiras de papel colado". O subchefe sugeriu, então, uma solução: "Julgo que o melhor acondicionamento será o feito em latas de gasolina bem soldadas, por ser o mais barato e o mais resistente, isto tive ocasião de ver com os víveres da comissão britânica, que são assim enlatados e resistem a um transporte ainda mais rude que o nosso". Também apontou para a necessidade de se construir, nos acampamentos, um lugar que servisse de depósito para todas as latas, as quais deviam estar sempre protegidas dos efeitos do calor e da umidade para que os mantimentos nelas guardados (e que não eram esterilizados) não "bichassem" nem germinassem, como costumeiramente acontecia com os feijões. Tal depósito se fazia ainda mais útil – pontuava – nas demarcações prolongadas e em regiões afastadas, porquanto era menos dispendioso e bastante eficaz, caso se compa-

33 Caixa "Relatórios 1927-1932 – Fronteira Brasil-Guiana Britânica". Relatório de campanha, 1930-1931, p.4-8.

rassem os gastos de sua construção com os que se tinham no uso do reabastecimento.[34]

A Comissão aceitou as sugestões de Rodrigues, inserindo, decerto, algumas pequenas modificações. Os recipientes passaram a ser lavados com água quente, secados ao sol, soldados e pesados no prédio da instituição em Belém; ganharam, como dito em outra parte, uma numeração externa, o que facilitou o gerenciamento do que seria comprado e consumido durante a campanha. Os depósitos tornaram-se uma constante em todos os acampamentos, sendo edificados assim que se desembarcavam os víveres e demais materiais, como instrumentos técnicos e presentes para os índios (terçados, panelas, facas, espelhos etc.). Passaram também a ser vigiados e, em alguns casos, até cercados, a fim de que não fossem arrombados e roubados por indígenas ou qualquer habitante das redondezas.

Na demarcação que acompanho, o depósito é exatamente aquele barracão coberto de palhas que mencionei anteriormente (Imagem 2.5). Dentro dele, os homens estão pondo as latas de "rancho misto", que contêm refeições para alimentar cerca de 10 homens por dia e que serão preparadas pelos cozinheiros. Cada uma delas está carregada com: uma lata de corned-beef (carne em conserva); 100 bolachas; cinco quilos de farinha; um quilo de arroz; 1,4 quilos de feijão; 125 gramas de café; 250 gramas de açúcar (Imagem 2.6).[35] Tais alimentos são distribuídos durante a manhã, em que cada trabalhador recebe 10 biscoitos e uma xícara de café, no almoço e no jantar, nos quais são feitos pratos idênticos, contendo "um caneco com 200 gramas de farinha d'água, arroz e feijão suficientes e cerca de 130 gramas de corned-beef".[36] Embora "bem suportado por todos", o corned-beef é, por vezes, substituído por carne "natural", obtida através da caça ou da pesca. São acrescidos, quando possí-

34 Todas as citações desse parágrafo referem-se à Caixa "Relatórios 1927-1932 – Fronteira Brasil-Guiana Britânica". Relatório de campanha, 1930-1931, p.5.

35 Caixa "Relatórios 1944-1950 – Fronteira Brasil-Venezuela". Relatório de campanha, 1944-1945, p.9.

36 Aguiar (1940), *Memória*, s.p.

vel, palmitos refogados ou crus e frutos silvestres fundamentais para a reposição de vitaminas (como açaí, bacabas, pequis). Essas refeições perfazem um total de 2793 calorias e, segundo os relatórios de saúde, são mais que suficientes para suprir as necessidades energéticas de um homem de aproximadamente 60 quilos, que deve comer em torno de 2400 a 2700 calorias diárias, se realizar, é claro, atividades semelhantes às que são feitas nas expedições demarcatórias. Como ratifica um demarcador, "nosso tipo de alimentação logra um trabalho normal e mesmo uma reserva, já que, em geral, os trabalhadores aumentam de peso durante a campanha ou o conservam ao final, apesar das diversas afecções e acidentes que sofrem".[37]

Na formação dos ranchos mistos, não há somente a preocupação em torno da manutenção e produção de energia. Junto a isso, analisa-se, outrossim, quais são os produtos mais adequados para o consumo nos diferentes climas e lugares onde são efetuados os trabalhos, uma vez que uma pequena variação nas espécies de alimentos adotados tende a interferir fortemente no ritmo das funções corporais dos trabalhadores. Retomo um rápido relato para exemplificar essa ideia. Em 1934, o médico Henrique Moss de Almeida escreve, ao capitão-tenente Antônio Pojucan Cavalcanti, algumas considerações acerca da alimentação da turma numa missão nas fronteiras da Venezuela. Conforme ele diz, a comida enviada foi "farta [e] sempre a melhor possível, sob todos os pontos de vista". Entretanto, houve uma pequena falha: optou-se por comprar feijão branco. Para Moss, "haveria muito mais vantagem na preferência pelo feijão preto", isto porque "[os feijões brancos] são muito ricos em purinas, azotados e, por conseguinte, propiciam a sobrecarga de economia em ureia, principalmente quando se trabalha em região fria, em que a função depuradora da pele é deficiente, em vista de ser muito diminuta a função sudoral".[38] E, ainda, adiciona:

37 Caixa "Relatórios 1944-1950 – Fronteira Brasil-Venezuela". Relatório de campanha, 1944-1945, p.13.

38 Todas as citações desse parágrafo referem-se à Caixa "Relatórios 1879-1941 – Fronteira Brasil-Venezuela". Relatório de campanha, 1933-1934, p.IV.

> [Embora] ricos, muito ricos mesmo, em celulose, por causa do tamanho dos respectivos grãos, os feijões que trouxemos para o campo, se bem que de primeira qualidade, deixam grande quantidade de resíduo intestinal, que favorece sobremaneira os fenômenos de fermentação; desenvolvendo-se [...] as dermatoses e dermatites, e subsequentemente a furunculose. Embora os casos que tivemos fossem quase nulos, o que atribuímos ao fato do trabalho intensivo a que estiveram submetidos os nossos trabalhadores, quer no transporte de carga, quer nos de pique, excitando-se, destarte, a função sudoral deles, apesar de, durante quase todo o tempo em que estivemos no divisor, ter sido baixa a temperatura.[39]

Mas o depósito não é preenchido somente de ranchos repositores de energia bruta; para lá, também são conduzidas caixas com mantimentos destinados aos oficiais e suboficiais (pessoal técnico). Estes, além de comer as mesmas refeições que os carregadores, são os únicos a ter acesso direto a algumas "guloseimas", reforçando a diferenciação hierárquica (tal como acontece nas divisões das barracas). A eles, são oferecidos leite, aveia, tapioca, cenouras, ervilhas, feijoada, extrato de tomate, língua de boi, lombo de porco, chouriço, doces variados, espaguete, suco de tomate, chocolate, biscoitos finos, manteiga, salsicha, sardinha etc. Todas essas coisas, quando embaladas juntas, duram por um mês e chegam a um peso total de 33 quilos, que são suspendidos, todas as vezes necessárias, por um "carregador forte".[40]

Relatei essas histórias de cabanas e alimentos (oficiais e não oficiais) andando pelo caminhos do alojamento, cruzando canoas paradas e entulhos de árvores cortadas, cujos paus, possivelmente, serão utilizados, mais tarde, em fogueiras para espantar os carapanãs causadores da maldita maleita e também para iluminar a noite escura e um pouco fria, já que se está lado a lado com um rio. Entre-

39 Caixa "Relatórios 1879-1941 – Fronteira Brasil-Venezuela". Relatório de campanha, 1933-1934, p.IV.

40 Caixa "Relatórios 1944-1950 – Fronteira Brasil-Venezuela". Relatório de campanha, 1944-1945, p.14.

tido com essa prosa, quase não percebi que havia um ajuntamento de pessoas bem ali, na minha frente: "o que é aquilo?", pergunto-me, com curiosidade. Vale a pena verificar.

Deslocamento 5: na barraca médica

Aproximo-me da multidão de homens enfileirados (Imagem 2.7). Observo, rapidamente, que todos estão diante da cabana médica. Mas para quê? Ninguém ali me parece ferido ou mesmo sentindo algum mal do estômago, algo tão comum entre aqueles que labutam nestas paragens. Seguindo a movimentação, vejo que cada um deles recebe um comprimido; logo depois, os médicos anotam, em um caderno, seus nomes e os números de identificação que lhes foram atribuídos antes de ir para o campo. Ainda não consigo entender o que tudo isso significa. Não sei qual remédio é dado a eles. Inspeciono o interior da barraca, pois talvez algum objeto que lá esteja guardado remonte à situação que presencio. Há, atrás de um toldo, caixas com medicamentos e instrumentos cirúrgicos, como seringas, tesouras, tampões, bolsas para compressas, alguns lençóis limpos, garrafas com soro fisiológico, ataduras, remédios para dor de cabeça e diarreia, xaropes.[41] Essas caixas são o que os demarcadores chamam de "ambulância". Esta nem sempre foi tão bem equipada. Como consta nos relatórios que manuseio, houve épocas em que faltavam muitos utensílios e, por tal fato, os homens sofriam dores desnecessárias, chegando, em raros e extremos casos, à morte. Henrique Moss – o médico da campanha citada anteriormente – conta que, a fim de obter recursos básicos para o tratamento dos trabalhadores, teve de "lançar mão de meios de fortuna". Para esterilizar pijamas, tampões, bisturis, e fazer soro, por exemplo, ele se serviu duma lata de bolachas (das pequenas), hermeticamente fechada à solda, contendo tais peças, e disposta dentro doutra maior (também de bolachas), cercada d'água por todas as suas

41 Caixa "Relatório do Serviço de Saúde, 1929-1952 – Fronteira Brasil-Venezuela". Relatório de saúde da campanha de 1933-1934, p.I-XXXII.

faces; e que foi levada ao fogo, onde esteve, cerca de cinco horas seguidas, em ebulição, sendo continuamente mantido o mesmo nível d'água dentro da maior. Para a obtenção do soro fisiológico, fiz filtrar rigorosamente a água em que dissolvi o cloreto de sódio, na proporção de sete gramas e meio para mil de água. Em seguida, procedi a nova filtragem e esterilizei a solução assim obtida colocando cada garrafa [...] cheia da solução, depois de hermeticamente fechada, dentro de recipientes contendo água, de modo a ficarem completamente mergulhadas, a qual foi levada à ebulição, que se teve o especial cuidado de manter durante três horas seguidas.[42]

Não encontro nada na ambulância. Direciono-me, em seguida, para a mesa onde estão o médico e seu caderno. Perscrutando-a, noto que deixara passar despercebido um aspecto crucial: havia, ao lado dos registros identificatórios dos trabalhadores, um controle de dosagens de atebrina, que, em meados da década de 1930, se tornou a principal forma de a Comissão combater, quimicamente, a malária em seus acampamentos (Imagem 2.8). Antes dela, a quinina "reinava como a senhora do terreno"; todavia, pelos idos de 1936, a aplicação desta última teve péssimos índices como resultado – "a cifra de malária atingiu a 97%, com alguns casos fatais". De acordo com relatos antigos dos médicos, isso não se deu apenas por fatores que envolviam a ineficiência dos elementos químicos que compunham o remédio. Outros fatores estavam em jogo. Um deles se referia aos "fenômenos secundários da quininização": aqueles que se submetiam ao tratamento poderiam vir a sentir "perturbações auditivas, visuais, sensoriais, gástricas".[43] Conscientes disso, os trabalhadores começaram a burlar as aplicações. Assim, ao receber um comprido, eles não o ingeriam, desviavam-no e, depois, cuspiam-no. Tal fato fez com que se prejudicasse o serviço antimalárico.

---

42 Caixa "Relatórios 1879-1941 – Fronteira Brasil-Venezuela". Relatório de campanha, 1933-1934, p.III-IV.

43 Todas as citações desse parágrafo referem-se a Aguiar (1940), *Memória*, s.p.

Os médicos, no intuito de modificar esse quadro, decidiram experimentar a atebrina. O interessante é que seu uso não era aceito por todos os especialistas da Comissão, tampouco por pesquisadores externos, que consideravam ineficaz sua ação antipalúdica. Apesar das controvérsias, foi utilizada durante as campanhas de 1937, seguindo as orientações abaixo:

> Organizamos o nosso esquema de trabalho estabelecendo como dose profilática 0,20 diários durante três dias, descanso de 6, e nova série. Assim de nove em nove dias, cada homem toma 0,60 cent. de atebrina via oral. O quadro estabelecido é o seguinte:
>
> Cada homem deverá ser submetido inicialmente, antes da entrada em campo, a um tratamento curativo com 15 atebrinas e outro esterilizante com 15 plasmoquinas.
>
> Ao completar 6 dias de finda a série anterior, inicia-se a profilaxia sistemática preventiva com dose de dois comprimidos diários (0,20) durante três dias; descanso de seis dias, nova série, e assim sucessivamente.
>
> Far-se-ão séries de 15 plasmoquinas (3 diárias) em toda a turma de três em três dias.[44]

Esse "esquema de trabalho" funcionou perfeitamente. Das 180 pessoas que participaram das expedições, apenas 8 foram diagnosticadas com malária. Não se registrou "nenhum caso de intolerância ou toxidez do sal", conquanto fossem impostas doses "relativamente grandes" e constantes. Ademais, vendo que seus companheiros medicados não sentiam nenhum "inconveniente molesto",[45] os trabalhadores diminuíram o receio em relação ao remédio e não faltavam nos dias de sua distribuição – aliás, como Brás Dias de Aguiar chega a afirmar em sua *Memória*, empenhavam-se em tomá-lo devidamente.

---

44 Aguiar (1940), *Memória*, s.p.

45 Todas as citações desse parágrafo referem-se a Aguiar (1940), *Memória*, s.p.

Protegidos pela atebrina, os homens dispersam-se. Cada um volta a desempenhar suas respectivas funções. Permaneço, porém, um pouco mais nas imediações da cabana. Chama-me a atenção a presença de um microscópio e algumas pequenas lâminas de vidro (Imagem 2.9): "O que esses objetos de laboratório fazem ali no meio da mata?". Sei que os médicos precisam analisar, por exemplo, o sangue dos trabalhadores, sobretudo daqueles que apresentam algum sintoma de febre crônica, a fim de que seja determinado o melhor tratamento a ser-lhes oferecido. Para a efetivação dos exames, eles preparam as lâminas, nas quais são pingadas gotículas de sangue, e dispõe-nas sob a luz do microscópio, através do qual se obtém um diagnóstico. Esse seria, pois, um dos usos plausíveis desses objetos em campo. Mas eles não são úteis unicamente ao cotidiano das expedições. Com efeito, pelo que revelam os relatórios, lâminas e microscópio, juntamente da ação dos médicos e farmacêuticos da Comissão, possibilitam que a cabana ultrapasse o espaço limitado da campanha e chegue a instituições científicas localizadas em Belém (Instituto de Patologia Experimental do Norte) e no Rio de Janeiro (Instituto Oswaldo Cruz). Quiçá seja até possível inverter, dizendo que tais instituições alcançam o campo fronteiriço por meio da barraca médica, que se transforma em um laboratório itinerante.

E como isso acontece? Os médicos, após a chegada e instalação efetiva do acampamento, percorrem, acompanhados de um capataz (função exercida por algum soldado do exército), as terras circunvizinhas. Com tais caminhadas, desejam, primeiramente, estabelecer contato com as populações nativas (índios e caboclos) que auxiliarão os demarcadores no reconhecimento dos rios, morros e florestas locais, indicando-lhes os nomes, os perigos, falando a respeito das populações que vivem por ali, assim como ajudarão, quando preciso, no transporte de cargas. Em segundo lugar, pretendem cuidar, minimamente, das pessoas que estão com a saúde debilitada e, a partir disso, identificar os tipos mais comuns de doenças que assolam a região. Durante as consultas, os profissionais pedem, ao paciente, permissão para retirar amostras de sangue e muco nasal e também para fazer punções em suas feridas (se as apresentarem sobre a pele), pondo os conteúdos obtidos em lâminas ou dentro de vidros lacrados e esterilizados; aproveitam para verificar se há cachorros na casa; se existirem, examinam-nos, rapidamente, no próprio recinto. O principal objetivo desse exame é diagnosticar a presença de leishmaniose nos animais. Havendo algum indício, os médicos solicitam ao morador/paciente a autorização para levar o cachorro à barraca médica, onde será raspado todo o seu pelo e, por conseguinte, serão colhidas amostras de sangue, a fim de que, por meio delas, seja feita uma análise mais acurada.

Nem sempre os doentes consentem que sejam realizados exames em si mesmos ou em seus cães, sendo extremamente firmes em negar qualquer atuação dos médicos em suas residências. Essa resistência é qualificada pelos demarcadores como uma "completa ignorância", "selvageria" ou "falta de civilidade dos ribeirinhos", que, como disse certa vez o médico Nelson Corrêa de Oliveira, preferiam acreditar piamente em seus pajés e curandeiros a ter suas moléstias curadas e averiguadas pelos especialistas em saúde.[46] Exponho tal questão não para criticar ou emitir algum juízo a respeito das falas dos comissários – juízo já distante e movido por

46 "[A]conteceu um dia quando um homem nos procurou para uma visita a sua mulher, que se achava guardando à rede, acometida de febre. Fomos até a sua casa. Há dias ela havia dado à luz uma criança do sexo masculino. O deslocamento da placenta se fizera dificilmente. A doente estava, no momento em que a visitamos, com a temperatura de 40,6 °C e calafrios intensos. Julgando que se tratasse de uma infecção puerperal, indicamos-lhe o tratamento adequado para afastar qualquer dúvida da concomitância de uma infecção palustre; desejamos retirar por punção digital o sangue para preparação de uma lâmina onde iríamos pesquisar o plasmódio da malária. A doente a tudo se negou. Não queria o tratamento médico, mas queria a presença da sua comadre que, com as rezas e as garrafadas, a curaria por certo. Insistíamos em tratá-la e ela continuou a negar-se ao tratamento. Seu marido ficou indiferente aos nossos conselhos. Cansados de tentarmos em vão, abandonamo-la ao seu próprio destino, lastimando a ignorância das gentes da nossa terra para quem os pajés e curandeiros são, infelizmente, seus conselheiros e os seus médicos" (Caixa "Relatórios do Serviço de Saúde, 1929-1952". Relatório da campanha de 1938-1939, s.p.).

relações que não fizeram parte dos episódios demarcatórios –, e sim para mostrar que seria enganoso imaginar que as relações entre populações nativas e comissários deram-se sempre amistosamente. A esquiva dos caboclos a determinados tratamentos, seguida dos qualificativos pejorativos a eles oferecidos pelo pessoal da Comissão, revela que os encontros foram marcados por discordâncias e equívocos de ambas as partes, o que permite compreendê-los como 'desencontros'.

Não são apenas as mucosas ou o sangue humano que interessam aos médicos. Nas trilhas que conduzem às casas e também dentro das florestas ou nas margens dos rios, eles colhem tudo aquilo que possa vir a ser produtivo para posteriores pesquisas. São coletados tatuquiras (mosquitos hematófagos de proporção diminuta), carrapatos, lacraias, carapanãs, crânios e couros de animais. Macacos, cobras e aves (como os galináceos) são mantidos, provisoriamente, em cativeiros. Antas e peixes, por exemplo, são autopsiados com o objetivo de recolher helmintos (vermes endoparasitas). Plantas diversas são armazenadas em placas de vidro.[47] Enfim, os pesquisadores cobiçam o conhecimento de uma gama extensa de espécies de seres do grande sertão norte. Relata-se que, em 1936, nas proximidades das águas do Erepecuru e do Majari, foram colhidas vísceras de 1542 animais, e, em 1940, "cerca de 1300 lepdópteros e muitos outros espécimes de coleópteros, incluindo material abundante de culicídeos".[48] Estes foram enviados ao Instituto de Pesquisas Energéticas e Nucleares (Ipen) e aqueles ao Instituto Oswaldo Cruz, porém muitos deles se perderam durante o longo período de transporte: uns, porque as lâminas quebraram-se, ocasionando a mistura de certos conteúdos e identificações; outros, porque se deterioraram totalmente. Para tentar vencer o problema do encaminhamento de espécimes através de viagens fluviais, os comissários resolveram estabelecer um contato ainda mais próximo com os

47 Caixa "Relatórios do Serviço de Saúde, 1929-1952". Relatórios das campanhas de 1929-1933.

48 Aguiar, 1940, *Memória*, s.p.

laboratórios paraense e carioca, convidando profissionais desses institutos para participar das missões. Numa outra campanha de 1936, acompanhou-os o entomologista Ferreira de Almeida, que publicou um artigo nas "Memórias do Instituto Oswaldo Cruz", em 1937, baseando-se no que pôde estudar e adquirir em campo.[49]

Os especialistas dos institutos paraense e carioca, pelo que se depreende, transformam os materiais entomológicos e serológicos obtidos nas campanhas, como o fez Ferreira de Almeida, em estudos sobre doenças e suas possíveis profilaxias. Mas o que fazem os médicos e farmacêuticos com tudo aquilo que colhem nos difíceis meses que passam dentro de suas cabanas ou andando pelas redondezas? Apenas remetem seus 'achados' aos agentes dos laboratórios com os quais se associam? Folheando meticulosamente os relatórios de saúde, verifico que isso é somente uma das coisas que eles fazem. Outra é contar pessoas e, por conseguinte, classificá-las como sãs ou doentes, tomando como fundamento os testes clínicos realizados em cada uma delas. A partir de tal classificação, constroem tabelas referentes a regiões específicas das fronteiras (com suas respectivas coordenadas geográficas), contendo os tipos de doenças e o percentual de indivíduos afetados, como a que se segue:

Tabela 2.1 – Enfermidades

Porteira – Coordenadas 1° 05' 02" Sul; 57° 02' 59,6" W Gw.	
Casos	Percentagens
Esplenomegalias encontradas	45,61%
Esplenomegalias puncionadas	69,23%
Esplenomegalias leishmanióticas	00,00%
Esplenomegalias maláricas	61,11%
Esplenomegalias não determinadas	38,88%
Úlceras encontradas	15,78%
Úlceras leishmanióticas	00,00%

Fonte: Memória apresentada ao IX Congresso Brasileiro de Geografia, Florianópolis, setembro de 1940 (3 volumes) – s. p., volume 3.

49 Almeida, 1937, p.235-98.

Elaborando tabelas[50] semelhantes para um conjunto maior de localizações, os médicos produzem uma cartografia dos casos de doença que observam durante suas atividades nas campanhas. Pensando nisso, as fronteiras, na barraca médica, são efetivadas (com o auxílio de desenhistas) não como marco ou coordenada geográfica, mas como linhas de doença ou, se se quiser, linhas que coordenam doenças (Imagem 2.10).

Deslocamento 6: homens de Jamaxi

Longe da cabana médica, os carregadores ajeitam-se para partir com os mateiros e os técnicos que farão os serviços geográficos. Muito falei deles, mas não elucidei a maneira pela qual seguram e deslocam, por longas distâncias, carregamentos variados. Para realizar isso, mais do que braços fortes, é preciso que incorporem um objeto: o jamaxi. O corpo, na ausência deste, não aguentaria sustentar por muito tempo o peso das caixas, fazendo com que os trabalhadores fossem forçados a parar para descansar continuamente, o que atrapalharia, é certo, a rotina da demarcação.

Nas regiões de fronteira, dizem os relatórios, é muito comum o uso do jamaxi pelas populações indígenas e caboclas. Ele é um cesto de cipó trançado, em formato retangular, cujas dimensões são adequadas ao dorso de um homem de 1,65 metros aproximadamente. As cargas são postas dentro dele e amarradas com liame, evitando-se, assim, que caiam durante o trajeto. Três arreatas de "algodão reforçado" conectam o cesto ao carregador: duas delas cruzam seu peito e são presas na parte de baixo do jamaxi, a outra passa por sua fronte (Imagem 2.11). Toda essa armação proporciona uma distribuição uniforme dos materiais no dispositivo jamaxi e, com isso, obtém-se "o máximo de eficiência com o mínimo de esforço".[51]

---

50 A tabela anterior contém algumas pequenas adaptações gráficas em relação às que são apresentadas em Aguiar (1940), *Memória*.

51 Aguiar, *Memória*, 1940, s.p.

Com seus jamaxis sobre as costas, os carregadores já estão preparados para entrar nas picadas feitas pelos mateiros ou nos atalhos abertos e repisados durantes anos pelos habitantes locais. Vão caminhando em fileira simples, pois percorrerão trechos que raramente terão a largura maior do que a de uma pessoa[52] (Imagem 2.12). Esse é um pequeno detalhe que, em campanha, subindo e descendo montanhas ou até passando por pontos pantanosos, faz muita diferença.

Deslocamento 7: entre mateiros e técnicos

Estou, agora, indo materializar a fronteira através de um marco. Afasto-me do grupo dos cargueiros, que, mais que me oferecerem histórias, me ensinaram muito sobre as labutas das expedições. Ao deixá-los, não fico sozinho; achego-me a dois outros grupos, o dos mateiros e o dos técnicos. Ambos me conduzem à fronteira que fora negociada e definida pelos representantes dos países litigiosos nos tratados de delimitação e ratificada, anos depois, nas conferências, reuniões e debates travados pelos chefes demarcadores, antes da partida das turmas para o campo propriamente dito. Em outras palavras, desloco-me para a fronteira que, embora acordada, existe somente na teoria. Nas atas de conferência, diz-se que se demarcará a fronteira x que passa, teoricamente, pelo divisor de águas do rio w, todavia não se sabe, correta e concretamente, como é esse rio, onde fica seu divisor e, mais que isso, se o dito divisor é, realmente, a fronteira que os países procuram sinalizar com marcos. As atas, saliento, não são fruto de suposições descoladas de empiria; elas se baseiam em dados (talvez sejam mais indícios) provenientes de narrativas de viagem, antigas cartas geográficas ou até mesmo de relatórios/memórias de tentativas demarcatórias não dirigidas pela Comissão. Mas esses dados – a maioria deles – são permeados de ideias vagas das áreas que devem ser esquadrinhadas pelos co-

52 A respeito do modo de andar em fila indiana nas matas, ver Holanda (1975, p.34).

missionários. Costumeiramente, trazem tão somente notícias dos acidentes geográficos e dos rios ou das montanhas que, pela sua grande extensão/largura, possuem maior notoriedade em relação aos menores e menos visíveis. Sabe-se, por exemplo, da existência e localização geográfica geral dos Rios Branco e Negro (Amazônia), do Monte Tumuc-Humac (região do Suriname), das extensas serras, porém não se conhecem os pequenos detalhes, as curvaturas, os traçados que as fronteiras podem fazer por essas regiões. Não se imaginam quantos e quais são os riachos que cortam um rio principal – podem ser muitos, poucos ou até inexistirem. Não se sabe nem mesmo se um mapa aceito como "terminado" é, indubitavelmente, preciso. Há casos em que essa precisão é posta em xeque, e, consequentemente, a carta é alocada no plano daquelas que devem ser revistas/repensadas e refeitas para que adquira precisão e seja novamente digna de crédito... Até que alguém (ou algum instrumento) repare outras imprecisões nela contidas (e antes não notadas) e recoloque-a sob suspeita.

Seria bastante interessante relatar alguns casos trazidos à baila, no momento mesmo da demarcação, da falibilidade dos desenhos cartográficos.[53] Mas isso desviaria minha atenção, que, por ora, está voltada para aquilo que os mateiros fazem em campo. Diferentemente dos outros trabalhadores, reúno-me com eles em uma tarde de descanso laboral. Estão sentados dentro de uma cabana, ao redor de uma vitrola, papeando e ouvindo uma música. Há também algumas mulheres e crianças da região (Imagem 2.13). Não me interesso pela canção. Quero, na verdade, ficar mais perto daqueles que conversam. Tento ouvir o que alguns dizem. Pelo que consigo entender, o tema central são os desafios que enfrentam no dia a dia. Falam sobre isso descontraidamente. São desafios que se relacionam diretamente com o objetivo geral das conferências: têm de localizar, através dos atalhos que cortam nas matas, a linha de fronteira, os divisores de água, os pontos mais importantes das serras.

53 As duas narrativas do tópico denominado "Ca(u)sos de fronteira", p.99, abordam, de alguma maneira, a questão da falibilidade dos mapas.

Das misturadas palestras, infiro que eles seguem, poucas vezes, os traços dos mapas, pois estes são objetos manipulados mais pelos técnicos, cujas funções são: medir a largura, a profundidade e o tamanho dos trechos dos rios nos limites fronteiriços; desenhar croquis das áreas; tirar as coordenadas geográficas com o uso do teodolito; monitorar os trabalhos dos mateiros; dentre outras. Os técnicos, visualizando os pontos sobre o papel, indicam uma direção principal a ser seguida (norte, sul, sudeste, nordeste) e mensuram, aproximadamente, a quilometragem a ser percorrida até se atingir o alvo pretendido. Cientes disso, os mateiros insinuam-se pela floresta. Um deles, munido de uma bússola, orienta todos os outros. Idealmente, a bússola não permite que eles se percam. Contudo, na prática, as coisas não acontecem com tanta perfeição: há alguém que lê a posição designada no instrumento e isso pode conduzir a interpretações diferentes. Além da bússola, os mateiros utilizam o olhar e, sobretudo, as habilidades adquiridas em outras experiências de demarcação: observam o fluxo e os lugares em que há encontros de águas, o aumento ou a diminuição da largura dos rios. Averiguam, por meio da pesca, os tipos de peixes mais comuns em determinados cursos d'água e, fazendo isso, obtêm mais informações para diferençar um rio de outro. Veem também as vegetações e terras (arenosas, argilosas etc.) que margeiam a linha de fronteira, sendo capazes de diagnosticar quando há mudanças e erros de percurso pela transformação do aspecto das árvores, das gramas ou mesmo do tipo de solo. Tudo aquilo que percebem durante o cumprimento das tarefas (e que julgam relevante), eles expõem a seus chefes, que tomam nota em seus blocos e, depois, utilizam as informações para complementar as descrições que precisam dar a conhecer à Comissão nos relatórios finais.

Os mateiros vão falando sobre todas essas coisas, ajuntando-as às vivências que cada um deles passou. Os inexperientes apenas escutam. As experiências relatadas são, em sua maioria, bastante empolgantes e interessantes. Assemelham-se a romances de aventuras, romances que têm as descobertas e os (des)caminhos de um grupo de homens dentro da mata como eixo da narrativa. De todas as falas, uma me atrai mais. É a história de uma campanha que aconteceu em fins de 1944 na fronteira do Brasil com a Venezuela.[54] Quem a relata não é um mateiro, mas um ajudante técnico chamado Leônidas de Oliveira – chefe de uma das turmas na referida campanha. Ele relembra, para começar sua história, que a meta dos comissários era atingir as nascentes dos Rios Padauiri e Castanho. Passariam uma temporada de sete meses em expedição para efetivar esse intento. O tempo, segundo Leônidas, parecia mais do que suficiente, uma vez que haviam estado por aqueles lados e até já tinham, meses antes, instalado um marco em um rio chamado Juruparu, distante alguns quilômetros do acampamento de canoas. Passados três meses, entretanto, algumas ocorrências mostraram que a missão seria um pouco mais complicada do que imaginavam. As chuvas, com a chegada do chamado inverno na região, não davam trégua, o que dificultava tanto as caminhadas nos morros, pois tornavam o chão lamacento e as pedras assaz escorregadias, quanto impediam a atuação eficaz dos instrumentos tecnológicos. Conjuntamente aos problemas climáticos, adicionaram-se as confusões experimentadas, especialmente pelos mateiros, na definição dos pontos de fronteira. Essa foi a questão mais enfatizada pelo ajudante técnico. Continuemos.

A campanha iniciou-se em outubro, passando por todos os processos comuns de preparação. Chegaram com tranquilidade ao acampamento de canoas. A partir de então, começaram a pôr em prática o que havia sido projetado no escritório e nas reuniões dos diretores das comissões brasileira e venezuelana. Os mateiros receberam instruções de como proceder em suas tarefas já nos primeiros dias. Leônidas – fundamentado em informações dos relatórios das missões no rio Demeni, que estava próximo de lá – disse que lhes mandou "subir o rio [Padauiri] até suas nascentes nas cordilheiras", pois, como pensava, elas eram parte do divisor de águas, isto é, ponto da fronteira brasileira. Ordenou-lhes também a não

---

54 Caixa "Relatórios 1944-1950 – Fronteira Brasil-Venezuela". Relatório de campanha, 1944-1945.

se afastarem do rio e "ter muito cuidado com a margem esquerda porque pelo aspecto das serras os maiores tributários se lança[vam] naquela margem".[55] Houve, ainda, uma advertência: desviar, tanto quanto possível, das malocas indígenas, porquanto estes poderiam querer atacá-los ao perceber que não havia muitos homens para lutar contra eles.[56]

Após escutar as orientações do chefe, os trabalhadores saíram para abrir os caminhos da demarcação. Junto deles, como habitualmente acontecia em todas as missões, foram alguns carregadores, levando, nos jamaxis, instrumentos de trabalho, como machado, terçados, toldos para montar barracas e latas de mantimento. Os mateiros precisariam dessas coisas, já que não voltariam à base no final do dia. Passariam a noite no local mais próximo em que decidissem parar de cruzar os matagais, no intuito de que pudessem recomeçar o serviço com as primeiras luzes do sol, sem perder tempo com caminhadas desnecessárias e cansativas.

Em nove dias, Leônidas conta que recebeu a notícia, através de uma "turma de cargueiros que regressava da base da serra, onde nasce um dos galhos do rio" (s.p.), de que fora atingida a nascente do Padauiri. Disseram-lhe que os mateiros ainda estavam verificando se a tal nascente estava, verdadeiramente, na faixa de fronteira. Enquanto esperava a conclusão da questão, o técnico resolveu levantar as picadas já abertas. Foi, assim, margeando e fazendo me-

---

55 Caixa "Relatórios 1944-1950 – Fronteira Brasil-Venezuela". Relatório de campanha, 1944-1945, s.p.

56 Essa temeridade advém de uma experiência que os demarcadores adquiriram em uma campanha no Rio Demeni no ano de 1941. Nessa expedição, eles foram atacados, dentro do acampamento, por alguns indígenas. O médico da turma e outros trabalhadores foram feridos com flechas, sendo que alguns deles quase morreram. Antes desse ataque, os relatórios apresentam, em sua maior parte, um desejo de os comissionários aproximarem-se dos indígenas, inclusive daqueles que eram considerados "brabos", isto é, que não tiveram nenhum contato com "civilizados". Depois dele, porém, passou-se a ter grande medo dos índios; buscou-se saber por onde os índios passavam não para estabelecer relações com eles, mas evitá-los e, assim, não ser pego de surpresa em alguma investida. Caixa "Relatórios 1879-1941 – Fronteira Brasil-Venezuela". Relatório de campanha, 1940-1941, s.p.

dições de um braço de rio que se originava, ele supunha, também no divisor. Para tanto, fez uso de alguns instrumentos, como bússola, trena, corrente de agrimensor e teodolito[57]. Juntos, estes possibilitaram que certos pontos (montanhas, rios, árvores etc.), ainda desconhecidos pela geografia, começassem a ser, de algum modo, identificados, determinados. Gastaram-se horas nessas medições, as quais, pelas informações trazidas pelos mateiros que retornaram ao acampamento, não eram necessárias. Eles, objetivamente, "informaram que o braço em apreço [pelo técnico] não nascia no divisor de fronteira. As explorações que haviam procedido no seu contravertente haviam provado que o rio era água do próprio Padauiri".[58] Isso desconcertou Leônidas. Quilômetros de trabalho perdido. Era preciso continuar, apesar disso. E foi o que ele e seus funcionários fizeram.

Os mateiros foram enviados para mais explorações: subiram de novo para a nascente do Padauiri e, dela, rumaram para as contravertentes dos galhos esquerdos. Teriam de alcançar também a cabeceira deles, porque somente dessa forma ter-se-ia um apanhado geral da região em que se efetuava a campanha. Leônidas e alguns trabalhadores prosseguiram com os levantamentos, até chegarem à base da serra, onde os mateiros deixaram um pedaço de madeira indicando o nascimento exato do Padauiri. Estavam diante da fronteira, pois. Para completar os serviços, fizeram as devidas medições e visualizaram a bela paisagem do entorno, que se diferençava de acordo com o lado escolhido para apreciá-la. Como dizia Leônidas:

> Da serra onde nasce o rio, saem, para o lado oriental, águas dos rios brasileiros e, no ocidental, correm para NW, demonstrando que são venezuelanos. Tratando-se da divisória de águas procuramos ver sua direção próxima e verificamos que segue para NE, entre 30° e 50°, procurando o rumo das cabeceiras do Rio Demeni.

57 Mais à frente, farei algumas considerações a respeito desses instrumentos.

58 Todas as citações desse parágrafo referem-se à Caixa "Relatórios 1944-1950 – Fronteira Brasil-Venezuela". Relatório de campanha, 1944-1945, s.p.

> Para o lado brasileiro, desde o azimute de 56° até 185°, avista-se o imenso, com algumas serras isoladas, a uma grande distância. Divisamos perfeitamente a serra do Aracá, que está separada da cordilheira divisória por um grande vale, o que vem tirar a dúvida que existia sobre se suas frontes principais teriam ou não origem na divisória de águas por onde passa a fronteira. Do lado venezuelano, a vista é mais reduzida. No entanto, bem ao norte, divisa-se um imenso vale que se perde de vista. Procuramos ver o tão falado Pico Lesseps, que deveria estar no rumo aproximado de 357°, porém nada nos pareceu ao monte descrito por Rice e pela própria Comissão. Já satisfeitos com a beleza encantadora que se enxergava, resolvemos assinalar a nascente do rio com uma estaca lavrada e depois descer a serra. Na estaca lavrada escrevemos o seguinte: nascente Padauiri, 17 de dezembro de 1944.[59]

Olhando o horizonte do alto da serra, o técnico e os outros trabalhadores não previam os problemas futuros. Até dezembro, tudo estava sob controle. Todavia, as coisas começaram a desandar no final de janeiro, quando várias tarefas, pelo que parecia, já haviam sido cumpridas, como a construção do marco na cabeceira do Padauiri e a ligação deste com aquele que fora erguido no Juruparu, compreendendo cerca de 1950 metros de levantamento. O primeiro sinal foi a chuva, um grande empecilho para as medições, como apontei nas linhas anteriores. O segundo veio da fala de alguns mateiros. Depois de dias seguidos de atividades em busca da fronteira pelas águas da contravertente do Padauiri, eles "chegaram com a desagradável notícia de que todo o serviço estava perdido",[60] e, para piorar, não manifestavam uma opinião comum "para o provável lugar onde estava a fronteira certa". A única certeza era a de que haviam percorrido uma senda errada. O técnico Leônidas, tentando estabelecer um ponto comum de ação, isto é, acabar com a

59 Caixa "Relatórios 1944-1950 – Fronteira Brasil-Venezuela". Relatório de campanha, 1944-1945, s.p.

60 Caixa "Relatórios 1944-1950 – Fronteira Brasil-Venezuela". Relatório de campanha, 1944-1945, s.p.

discordância, mandou os mateiros perscrutarem novamente alguns trechos. Eles executaram o pedido e em poucas horas voltaram... Com as mesmas divergências, porém: "Um dizia que o rio ia rodar e que certamente cairiam n'água [no leito do rio, não atingiriam a nascente]. O outro era da opinião de que o rio seguiria para N e que a fronteira subia uma grande serra pelada".[61]

Instalou-se, entre todos, um clima "de expectativa e tristeza, porque não sab[iam] os dias que ter[iam] de ficar parados até uma solução definitiva da fronteira". Os mateiros gastavam energia buscando resolver de vez essa questão. O técnico também os auxiliava com interpretações baseadas no mapa do Demeni que levara para campo. Muitos esforços. Pouquíssimos resultados positivos. Não cessavam as informações de que os cruzamentos deram n'água. "O mato já [estava] todo retalhado de piques e exploração". Todas as opiniões controversas foram testadas:

> Chegou um mateiro com um trabalhador. Veio avisar que o divisor não passava pela serra que o outro dizia passar. Que iam subir um afluente da esquerda do rio e explorar seu contravertente. Que se fosse a fronteira iriam ligar ao pique perdido e depois mandariam avisar. Disseram ainda que os homens que haviam ido pelo rio passaram em seu acampamento, onde pernoitaram e depois haviam continuado.

A partir dos dados (certos? Errados? Ninguém sabia, ainda!) que eram enviados pelas turmas de mateiros que se dispersavam pelas montanhas e águas, Leônidas elaborou algumas hipóteses:

> Tenho empregado o máximo de esforço para encontrar a fronteira sem, contudo, conseguir até hoje. [...] Os igarapés, quer pequenos ou grandes, seguidos até suas cabeceiras e, no entanto,

61 Todas as citação desta página referem-se à Caixa "Relatórios 1944-1950 – Fronteira Brasil-Venezuela". Relatório de campanha, 1944-1945, s.p.

> todos eles correm ora numa ou outra direção para retornarem de leste e se dirigirem para o rio que mandei levantar e seguir durante 7 dias a partir de 9 de fevereiro. Tenho a impressão que esta turma será quem irá decidir sobre a fronteira e isto pelo seguinte: o rio se dirigindo para leste conforme tem sido sua direção até ao ponto percorrido tem probabilidades de ser tanto brasileiro como venezuelano. Sendo brasileiro, os trabalhadores irão ao Demeni ou então regressarão de suas proximidades sem encontrarem rio grande se dirigindo para o norte. Sendo venezuelano, têm forçosamente de encontrar um grande rio vindo da direita para esquerda, ou melhor, de S para N. No caso de ser venezuelano e não encontrarem rio maior, o galho que seguem terá de dobrar para N e depois para NW de onde então não teremos dúvida de que a fronteira ficou para diante do 2° marco e um pouco atrás de onde estamos. Neste caso uma turma de mateiros está certa e em breve ligará ao pique balizado. O rio sendo brasileiro será um afluente do Demeni e, então, o divisor foi errado entre o 1° marco colocado na nascente do Padauiri e o 2° marco. Ainda neste caso a outra turma de mateiros que seguiu ontem deverá ligar, dentro de uma semana, a nascente do rio que subir ao pique balizado. Sendo assim, atacarão por todos os lados e provavelmente haveremos de encontrar a fronteira. De tudo isto, apenas uma coisa me preocupa. O rio sendo venezuelano não somente a área de sua penetração é grande como ainda o divisor irá percorrer a zona de altitudes superior a 1200 metros, tornando-se penosa a exploração das águas. Um pobre homem que desça uma serra só terá tempo de descê-la porque não alcançará com dia o acampamento, querendo retornar ao topo da serra.

Nas diferentes conjecturas de Leônidas, percebe-se que, além de uma não identificação da fronteira, havia uma indefinição do rio ["o rio sendo venezuelano"] que os mateiros devassavam. Nessa demarcação (como em muitas outras, mas que não figuram aqui), os limites não estavam terminados; na verdade, eles deveriam ser feitos. E, para que tal fabricação ocorresse, foram necessários, na prática mesma dos trabalhadores, muitos desvios e experimentações. Nestas não eram suficientes somente a ação dos sujeitos trabalhadores. Sem a atuação de outras ferramentas (também sujeitos) o problema no qual a campanha via-se imersa não seria solucionado. Um desses outros agentes ainda não apareceu na história, a saber: os croquis desenhados pelo técnico, cuja função seria alicerçar suas hipóteses.[62] Esses croquis baseavam-se nas informações levadas pelos trabalhadores, que transformavam a natureza ou o trajeto percorrido em palavras ditas, em posições e direções fornecidas pela bússola, em distâncias numéricas, em histórias de fronteira. Alguns sabiam escrever e, fazendo uso dessa técnica, anotavam considerações e, consecutivamente, remetiam-nas ao chefe. Outra maneira de relatar as observações, imagino, dava-se fora do âmbito dos números e das letras: os homens, chegando ao acampamento, traduziam os percursos dos rios ou as localizações das árvores, dos montes e malocas, por exemplo, em movimentos feitos pelos braços e pelas mãos (gesticulações).[63] Leônidas de Oliveira escutou, viu e leu todas essas 'coisas'. Depois, plotou, numa folha quadriculada de sua caderneta, um rascunho das linhas prováveis que formatavam a fronteira. Tudo o que fora experiência e visões dos mateiros e, por vezes, dos cargueiros foi ordenado e transmutado em uma orientação para a concretização/finalização dos serviços de campanha.

Feitas essas colocações, enlaço os últimos fios da narrativa. Os mateiros permaneciam em suas buscas. Leônidas aguardava ansioso o retorno deles. De acordo com o que dissessem, o enigma da fronteira nos rumos do Padauiri seria desvendado e, com isso, a demarcação iria finalizar-se. Chegou, então, uma das turmas de exploração:

---

62 O relatório não traz os croquis feitos pelo técnico Leônidas Oliveira, infelizmente; apenas registra a produção deles.

63 A ideia de gesticulação aparece em Ingold (2000, p.233):"*For the graphs on the map are not representations of anything. Every line is rather the trace of a gesture, which itself retraces an actual movement in the world. To read the map is therefore to follow the trace as one would the path of the hand that made it*".

Disseram ter o mateiro responsável emendado o pique na Serra Pelada cerca de dois quilômetros da nascente do Padauiri. O mateiro escreveu dizendo que o rio pelo qual subira saía daquela serra e que ainda estava explorando para melhor se certificar. Pelo que já havia observado, asseverou que o rio é brasileiro e que todos os seus afluentes seguem para E, enquanto que os rios contravertentes se dirigem para W. A lombada que julga ser a fronteira vai para N, ligeiramente para NE.

Com base nesses dados, o técnico concluiu:

Creio que o mateiro está certo, porém para que a verdade se concretize espero a 2ª turma de exploração e que seguiu o rio para jusante. Esta irá decidir tudo, porque é ela que vai dizer ao certo se o rio é brasileiro ou venezuelano.

E assim se fez. A 2ª turma reapareceu dias depois, trazendo as derradeiras observações:

Esta turma era ansiosamente esperada porque seria a que mais apta estava a dar uma solução concreta sobre a fronteira. De fato, o que informou veio clarear completamente a terrível dúvida que pairava em todos os que avistavam a altíssima cordilheira que segue para o sul, rumo do Aracá. É que esta cordilheira, sobressaindo-se de todas as circunvizinhas, possui montanhas com cerca de 2000 metros. Para todos os demais lados, um imenso vale se perde de vista. A turma seguiu um rio que se dirige para leste. O percurso andado foi cerca de 45 quilômetros e certamente chegaram a um ponto próximo ao Demeni. O rio ficou com 10 metros de largura e com profundidade suficiente para andar canoas grandes, com certeza. Verificado que o rio é brasileiro já estamos seguros por onde passa a fronteira. O mateiro já havia atingido a nascente do citado rio no dia 13 de fevereiro e, desde então, começara a abrir a picada.[64]

Leônidas de Oliveira, comparando os resultados trazidos pelos mateiros com as notícias encontradas em outros relatórios que se remetiam, de alguma maneira, à região, fez, por fim, um novo croqui, do qual obteve o nome do rio que a partir dali pertenceria, de fato, à linha de fronteira, sendo também a fronteira: era o Rio Taraú.

Deslocamento 8: instrumentos que efetivam fronteiras

Cinco objetos entraram sorrateiramente em cena no deslocamento anterior: a bússola, a trena, a corrente de agrimensor, o telêmetro e o tedolito. O interessante é que foi um 'sorrateiramente' bastante transformador. Na própria história de Leônidas, eles fizeram com que certas coisas fossem conhecidas (um papel extremamente relevante). Proponho uma leitura para a função de tais objetos, procurando apresentá-los como agentes produtores de conhecimento.

O primeiro deles, a bússola (Imagem 2.14), é um instrumento que performa as coisas que são vistas pelos olhos dos demarcadores (pisadas por seus pés ou, se se quiser, por eles navegadas) como posição relativa ao norte magnético. Assim, tem-se uma curva de um rio mais ao norte, outra mais ao sul, uma árvore a nordeste. A bússola, se operada de outra maneira (e se for manual), efetiva essas mesmas coisas como azimute, isto é, como uma direção aproximada definida em graus (variando de 0° a 360°). Para que um ponto seja assim performado, é preciso dominar seus dispositivos. Saber colocar o polegar no local adequado; nivelar o instrumento e alinhar a fenda de pontaria com o alvo são operações fundamentais. Por meio delas, uma árvore, na prática demarcatória, pode ser efetivada como 120° azimute, por exemplo.

64 Todas as notas desta página referem-se à Caixa "Relatórios 1944-1950 – Fronteira Brasil-Venezuela". Relatório de campanha, 1944-1945, s.p.

A trena e a corrente de agrimensor cumprem uma mesma função: metrificar. A corrente de agrimensor é um dispositivo contendo de 50 a 100 fuzis (elos de metal), feitos de uma liga de aço (ferro e níquel) com pequeno coeficiente de dilatação térmica. A distância entre dois elos da corrente é de 20 centímetros. A cada um metro (5 fuzis) tem-se, para facilitar a leitura do topógrafo, uma pequena placa de metal indicando a metragem. Nas extremidades da corrente, estão localizados os punhos para esticá-la até o local a ser transformado em metros. É um instrumento mais adequado para levantamentos de terrenos planos. Para se mensurar uma área de superfície irregular, é imprescindível que se tome, durante a própria medição, o cuidado de torná-la regular. Isso é feito conforme a Imagem 2.15. Ciente disso, o topógrafo pode dar início às determinações. Segundo André Libault (1975), devem ser realizados os seguintes passos para se alcançarem resultados precisos com a corrente de agrimensor:

> Cada extremidade do trecho a medir estará marcada com uma baliza [estacas de madeira fincadas no chão, no caso das dermações]. A [corrente] será segura por dois operadores; o da frente levará um conjunto de 10 fichas [elos]. O operador de trás só terá de colocar o punho com o entalhe bem aplicado na baliza (para eliminar o erro de diâmetro da baliza, será melhor substituí-la por uma ficha auxiliar) e depois guiar o operador dianteiro para a baliza extrema. Depois de esticar a corrente de modo que fique em linha reta (extensão máxima, sem, entretanto, danificá-la), o operador dianteiro deve inserir um ficha no entalhe do punho e fixá-la bem no terreno. O conjunto "operador-trena" se deslocará, cada um mantendo o outro bem na linha das balizas (a primeira deve ser recolocada em seu lugar), até que o operador posterior chegue à ficha. Repete-se novamente a primeira operação, mas, antes de continuar a medição, o operador posterior deve tirar a ficha alcançada. Prossegue-se desta forma até a segunda baliza. De modo geral, o último trecho não corresponderá ao comprimento total da corrente, devendo-se, para medi-lo, utilizar as subdivisões da

mesma. O número de trechos completos resultará do número de fichas recolhidas pelo operador que segue atrás. (p.20).

A trena é semelhante à corrente de agrimensor, com a diferença de que não possui argolas. Na verdade, é uma fita inteiriça de aço (por vezes, maleável) que apresenta divisões métricas em todo a sua extensão. De um lado, há um ponto de referência (zero) e, do outro, a metragem total, variando de 10 a 50 metros, como sublinha Libault (1975, p.21). Por ser graduada em decímetros e centímetros, a trena tende a apresentar uma maior exatidão na caracterização dos pontos medidos. Sua utilização requer o mesmo número de operadores e operações que a corrente.

O telêmetro (Imagem 2.16) é outro instrumento usado para medir distâncias. Diferentemente dos anteriores, ele exige um operador que possua melhores conhecimentos técnicos e que domine, minimamente, certas operações matemáticas. Para que o telêmetro faça seu trabalho adequadamente, é preciso que se tenha um ponto de mira fixo de altura conhecida, como uma mira-falante, isto é, uma régua graduada. Nos casos em que não há a presença do último objeto, pode tomar-se como base outro alvo, como o tronco de uma árvore ou um pedaço de madeira. É um aparelho que possui duas lentes objetivas, posicionadas em suas extremidades. Ao passar por essas lentes, também chamadas de janelas, os raios luminosos que vêm do topo da mira formam um ângulo, que, após ser transformado em graus pela alidade[65] do instrumento, pode ser lido pelo indivíduo que o manipula. Com base no ângulo e na altitude, basta que o demarcador faça os devidos cálculos trigonométricos para encontrar a distância entre o instrumento e a mira. Esse processo final pode ser simplificado através do uso de uma tabela de navegação (Tabela 2.2): "entrando-se com os argumentos de altitude do objeto [mira], em metros, e ângulo vertical observado, obtém-se a distância, em milhas, objeto-observador". (Miguens, 1996, p.298).

65 Dispositivo metálico composto de régua e arco graduado, bastante comum em instrumentos ópticos voltados para a medição de ângulos.

Tabela 2.2 – Parte de uma tabela de navegação

	Ângulo vertical										
Altitude do ponto observado em metros	0°00'	0°10	0°50'	1°00'	1°10'	1°20'	1°30'	1°40'	1°50'	2°00'	2°10'
16	1,0	0,7	0,5	0,5	0,5	0,4	0,4	0,3	0,3	0,3	0,3
18	1,1	0,8	0,6	0,6	0,5	0,4	0,4	0,4	0,3	0,3	0,3
20	1,2	0,9	0,7	0,6	0,5	0,5	0,4	0,4	0,3	0,3	0,3
22	1,4	1,0	0,8	0,7	0,6	0,5	0,5	0,4	0,4	0,3	0,3
24	1,5	1,1	0,9	0,7	0,6	0,6	0,5	0,4	0,4	0,4	0,3
26	1,6	1,2	1,0	0,8	0,7	0,6	0,5	0,5	0,4	0,4	0,4
28	1,7	1,3	1,0	0,9	0,7	0,6	0,6	0,5	0,5	0,4	0,4
30	1,9	1,4	1,1	0,9	0,8	0,7	0,6	0,6	0,5	0,5	0,4
32	2,0	1,5	1,2	1,0	0,8	0,7	0,7	0,6	0,5	0,5	0,5
34	2,1	1,6	1,3	1,1	0,9	0,8	0,7	0,6	0,6	0,5	0,5
36	2,2	1,7	1,3	1,1	1,0	0,8	0,7	0,7	0,6	0,6	0,5
38	2,4	1,8	1,4	1,2	1,0	0,9	0,8	0,7	0,6	0,6	0,5
40	2,5	1,9	1,5	1,2	1,1	0,9	0,8	0,7	0,7	0,6	0,6
42	2,6	1,9	1,6	1,3	1,1	1,0	0,9	0,8	0,7	0,6	0,6
44	2,7	2,0	1,6	1,4	1,2	1,0	0,9	0,8	0,7	0,7	0,6
46	2,8	2,1	1,7	1,4	1,2	1,1	0,9	0,9	0,8	0,7	0,7
48	3,0	2,2	1,8	1,5	1,3	1,1	1,0	0,9	0,8	0,7	0,7
50	3,1	2,3	1,9	1,5	1,3	1,2	1,0	0,9	0,8	0,8	0,7
52	3,2	2,4	1,9	1,6	1,4	1,2	1,1	1,0	0,9	0,8	0,7
54	3,3	2,5	2,0	1,7	1,4	1,3	1,1	1,0	0,9	0,8	0,8

Fonte: Elaborada pelo autor a partir de Miguens (1996).

Por meio desses objetos, os demarcadores passam a conhecer, a identificar e a relacionar os trechos percorridos. É um conhecer particular, um conhecer metrificado, pois o que sobressai deles são larguras e comprimentos. Nesse sentido, do ponto de vista de tal trio de instrumentos, os trechos das fronteiras levantadas pelos técnicos da Comissão são performados como extensão, e não como azimutes ou direções magnéticas: "A montante da cachoeira dos Índios, o rio, muito fundo e com 25 metros de largura, nos fazia crer que suas nascentes ainda estavam bastante distantes, porém, depois de uma hora de navegação, estava ele reduzido a 5 metros de largura";[66] "Paramos às 7 horas, fazendo o levantamento topográfico do rio, ainda bastante profundo e com 52 metros de folha d'água" (p.6, grifos meus).[67]

O teodolito (Imagens 2.17 e 2.18) pode realizar todas as operações que esses quatro instrumentos fazem durante as campanhas, como informa um antigo manual técnico.[68] Os demarcadores acionam-no, porém, para produzir tipos de medições mais complexas que a tirada de distâncias de rios. É usado, com maior constância, para efetuar triangulações e serviços ligados ao campo da astronomia. Antes de mencionar suas funções nos serviços da Comissão, exponho uma descrição geral do instrumento:

> Os teodolitos são aparelhos utilizados para medir ângulos horizontais (azimutais) e verticais (zenitais). São constituídos essencialmente por uma base que contém o limbo horizontal (círculo graduado de 0° a 360° que permite as leituras angulares) e uma alidade (parte giratória que roda em torno do eixo principal do aparelho), na qual se encontra a luneta que gira em torno do eixo dos munhões ou eixo secundário, sendo este suportado por dois montantes, num dos quais se encontra o limbo vertical (Antunes, 1995, p.14).

Se para manipular o telêmetro já é demandado certo domínio técnico, quando se desloca para o teodolito, a exigência é ainda maior. Mas não são as dificuldades técnicas que dão sinal no início. Assim que abre o estojo onde ele é guardado, o profissional designado para manuseá-lo verifica que deve ter todo o cuidado para mantê-lo em perfeito estado. O manual de utilização deixa claro que o teodolito é um instrumento feito de material resistente e com

---

66 Caixa "Relatórios 1879-1941 – Fronteira Brasil-Venezuela". Relatório de campanha, 1940-1941, p.168, grifos meus.

67 Caixa "Relatórios 1941-1944 – Fronteira Brasil-Venezuela". Relatórios de campanha, 1941-1944, p.6.

68 Teodolito de Micrómetro Wild T1, con índice vertical automático. Instrucciones para el empleo. Impreso en Suiza.

baixíssimo índice de dilatação, mas também não se abstém de elencar alguns critérios básicos de conservação, tais como: evitar que se acumule poeira dentro do invólucro que o acondiciona; não deixar que se criem fungos sobre sua superfície; guardá-lo num ambiente em que o ar circule com facilidade; poupá-lo de fortes impactos durante o transporte, empacotando-o em caixas acolchoadas; quando voltar do campo, limpá-lo adequadamente. Todas essas precauções precisam ser tomadas para que não se prejudique a qualidade de suas leituras nem sejam necessárias incessantes calibragens em campo. O detalhe é que, nas demarcações, abundam acontecimentos que podem danificar o teodolito: uma canoa que se choca com uma pedra; uma caixa que rola morro abaixo; chuvas fortes durante dias. Acrescente-se, ainda, que as regiões onde se realizam as observações são muito úmidas, o que aumenta o desafio de deixá-lo sempre seco e livre de quaisquer tipos de camadas viscosas.

Os desafios técnicos se apresentam na hora de montar o instrumento. Deve-se posicioná-lo no tripé, atentando-se para que os três parafusos nivelantes (calantes) estejam ocupando os espaços devidos. Tais parafusos permitem que o teodolito fique fixo na posição vertical, assim como são eles que garantem o perfeito alinhamento para que os trabalhos possam ser iniciados. Depois de montado, é necessário medir e usar os métodos adequados. Aparecem, nesse momento, algumas questões relevantes. Como o teodolito é usado, sobretudo, na astronomia de campo, as medições só acontecem quando o céu está completamente aberto. Nuvens ou chuvas impedem que os raios luminosos dos astros cheguem até as lentes do instrumento. Árvores muito grandes no caminho também atrapalham as aferições, daí ser importante fazer extensos descampados nos locais que necessitam ser medidos astronomicamente.

A máquina também exige algumas posturas não técnicas de seu operador técnico: é crucial que este tenha paciência, uma vez que, enquanto seus companheiros de campanha dormem, ficará durante longas horas da noite em plena atividade, visualizando o céu e anotando dados no caderno e nas folhas com espaços reservados para a designação de coordenadas, azimutes, comprimentos, ângulos etc.

(Imagem 2.19); ele também deve estar com a visão em perfeito estado, qualquer problema visual, por menor que seja, pode implicar erros. A título de ilustração, conta-se que um demarcador não pôde fazer medições durante uma noite porque estava com um dos olhos inflamado, não conseguindo aproximá-lo da luneta.

Protegido e ajustado, o teodolito está preparado para fazer suas tarefas, melhor dizendo, está pronto para efetivar as fronteiras como coordenada geográfica através da medição da terra no céu. Depois de transformar vários pontos em latitude e longitude, esse instrumento também pode auxiliar no processo de triangulação da área como um todo. Ou seja, servir de medidor das distâncias entre os marcos que foram instalados na fronteira demarcada, formando uma rede de triângulos bem amarrada. Para tanto, ele é estacionado, com seu tripé, no ponto mais elevado da rede, de onde o técnico fará as medições. Todos os resultados são devidamente registrados nas cadernetas e, quando necessário, enviados diretamente para a Comissão via telégrafo, onde serão transformados em uma 'triangulação desenhada' (Imagem 2.20).

Retorno

Os trabalhos de campanha finalizaram-se. Os marcos de concreto foram erguidos conforme as normas fixadas durante a preparação das ações de campo (Imagem 2.21). Aqueles que ficaram responsáveis por erguê-los fizeram todo o serviço corretamente: mediram sua altura, comprimento e largura; fincaram nos com a profundidade adequada; gravaram neles a letra "B", do lado brasileiro, e do lado do outro país, a letra correspondente ao seu nome (por exemplo, "GB", Guiana Britânica); dataram-nos; em alguns, incluíram as coordenadas geográficas. Depois disso, certos profissionais da Comissão até posaram para uma foto em frente ao obelisco, ocupando o papel de testemunhas do ato (Imagem 2.22). Lavrou-se um breve termo de construção, que foi assinado pelos técnicos responsáveis. Estava, pois, implantado o sinal que, materializado na terra, protegeria, como destaca Engel (1968, p.2), o território brasileiro e facilitaria o intercâmbio entre os países vizinhos.

Sigo com a equipe de trabalhadores para Belém. Levamos para o escritório, junto da nossa bagagem, tudo aquilo que foi colhido, mensurado ou registrado durante a jornada de demarcação.

Ca(u)sos de fronteira[69]

> Durante as campanhas de 1936-1937 foram construídos trinta e um marcos [...]. Todos os marcos foram colocados nos divisores de águas entre as bacias do Amazonas, ao Sul, e as bacias do rios que afluem para o Norte, desaguando no Oceano Atlântico.
>
> Os marcos números 15 e 16 foram construídos na zona de campos naturais, que vem desde o marco número 8, e no divisor de águas entre os rios que correm para o Paru de Oeste, da bacia do Amazonas e os que vão para o Sipaliwini, da bacia do Corantijo, sendo que o de número 16 está nas cabeceiras do Igarapé Acaé, afluente do Paru de Oeste. O marco número 17 foi erigido em zona de mata densa, porém ainda no divisor de águas entre o Igarapé Acaé, afluente do Paru de Oeste e pequenos afluentes do Sipaliwini.

69 Com o termo 'causos', pretendo manter uma aproximação com a ideia de história mobilizada por Guimarães Rosa no famoso prefácio de *Tutameia* (2009 [1967]). Ele funciona, para meus objetivos, como uma forma de acionar, de modo mais direto, as 'narrativas', os 'contos', as 'fábulas'. Alguém poderia afirmar que talvez esse sentido aproxime este texto de uma ficção. De fato, de acordo com minha leitura, há, sim, uma proximidade, mas não uma aproximação negativa, como se ficção remetesse a mentira, falsidade ou inverossimilhança. Como sugere Vânia Zikán Cardoso (2007, p.340), a história (ou os causos, no presente caso), em sua interseção com a ficção, pode ser lida como uma maneira criativa de contar em que está em tensão o 'real' e o 'imaginário' ou o 'fato' e a 'narrativa do fato'. Nesse sentido, compreendo o causo como uma estratégia narrativa que permite, àquele que conta, pôr em ação a imaginação para traçar associações possíveis e diversificadas entre acontecimentos, pessoas e 'coisas'. 'Causificar' é, entre outras coisas, um meio de experimentar relações para expor algo a respeito de um fato ou de uma fabricação (de fronteiras).

> [...] As coordenadas do marco número 15 foram obtidas por triangulação iniciada com uma base e observações astronômicas e são as seguintes: latitude 2° 07' 55, 52" Norte e longitude 55° 59' 23"Oeste Greenwich.
>
> As coordenadas geográficas do marco 16 foram obtidas por observações astronômicas e são as seguintes: latitude 2° 10' 13,36" Norte e longitude 36° 01' 40,19" Oeste Greenwich.[70]

Esse é um pequeno trecho de uma ata de conferência. Ele menciona, semelhante à descrição de Furquim (2007) apresentada no Capítulo 1, os resultados das campanhas: implantação de 31 marcos; localizações geográficas; nomes e regiões dos rios onde se deu a demarcação. Em relação ao processo de fixação dos marcos, frisa-se que foram utilizadas "triangulação com uma base e observações astronômicas". Nada mais. Quem mediu? Quantos trabalhadores foram necessários para o cumprimento dessa tarefa? Quais instrumentos fizeram as leituras astronômicas? Como estava o tempo? Houve imprevistos? E as táticas para superar as barreiras impostas diariamente, quais foram? O produto "longitude 55° 59' 23" Oeste Greenwich" cala-se diante de tais questões, as quais, pelo que narrei no tópico anterior, tocam exatamente naquilo que sustenta e cria as longitudes e latitudes. Se se pretende conhecer parte daquilo que aconteceu para que se alcançasse um resultado a ser inscrito numa ata, é necessário ir aos relatórios das missões. Neles as ações dos objetos e demarcadores ocupam o primeiro plano da narrativa, mostrando quão povoadas e cheias de relevo são as demarcações.

Voltando aos relatórios, conto dois causos que esbarram nos questionamentos anteriormente expostos.[71] Um dos principais temas que ambos trazem se concerne à ideia de que as fronteiras não estão dadas na prática. Na verdade, devem ser encontradas e, ao

70 Caixa "Ata de conferência, 1935-1938"; Relatório, 1935-1938; Termo de marco e acordos, 1935-138 – Fronteira Brasil-Guiana Neerlandesa (Suriname). Conferências. Terceira conferência, 28 de abril de 1938, s.p.

71 Os causos não se referem ao trecho da ata, uma vez que eles são baseados em relatórios da fronteira Brasil-Venezuela.

mesmo tempo, fabricadas. A fronteira, às vezes, engana o demarcador: não se apresenta, foge, some. É como se a fronteira, ela mesma, fosse um dos imponderáveis do campo. Como achá-la, perscrutá-la, transformá-la? Essa é, a meu ver, a mais difícil tarefa dos comissionários e de suas ferramentas de demarcação. Os causos põem à luz novas discussões, complementam as que já foram levantadas, além de serem mais um modo de descrever e pensar os trabalhos de campanha – daí a importância de narrá-los.

O Cerro Cupi[72]

No dia 10 de outubro de 1930, saía, do porto de Manaus, uma flotilha, composta por duas lanchas, uma chalana, dois batelões, três ubás grandes e uma pequena, sob a direção geral do capitão Nelson Simas de Souza. O objetivo era fazer levantamentos topográficos, hidrográficos e geográficos e instalar marcos no Rio Cauabury e adjacências. Várias pessoas seguiram nessas embarcações. Como de costume, antes da chegada ao local desejado, aconteceram fatos inesperados. Já no segundo dia, "as ubás grandes, [por terem] a adaptação da borda falsa mal-feita, fizeram água" (p.1), exigindo que os trabalhadores, numa súbita atitude, içassem-nas e pusessem-nas dentro de outros barcos. Não se perdeu tempo durante a viagem. Parou-se somente em alguns portos, onde se realizaram ações bem pontuais e necessárias para a continuidade do percurso, como a compra de alimentos para o pessoal e a feitura de lenha para abastecer a lancha movida a vapor. No dia 18, juntaram-se, no caminho, as turmas brasileira e venezuelana e, a partir de então, começaram a operar em comum acordo, como uma comissão mista. Passadas dez noites, chegou-se à boca do Cauabury.

Iniciaram-se, imediatamente, os preparativos para o cumprimento das tarefas: seriam apenas dois meses ali naquela região,

72 Esse causo fundamenta-se no relatório contido na Caixa "Relatórios 1879-1941 – Fronteira Brasil-Venezuela". Relatório de campanha, 1929-1934, p.1-21.

sendo que os trabalhos não eram poucos. Armaram-se as cabanas no acampamento base. Construiu-se o depósito de mantimentos. Ele foi montado de acordo com as indicações de um tal Francellino, que alertou os comissários para a impossibilidade de conduzir as caixas de víveres até o Salto Huá – distante alguns bons quilômetros dali. Isso se dava, segundo o trabalhador, por dois motivos: primeiro, porque as águas estavam muito baixas, implicando a necessidade de várias pessoas para carregar todas as canoas e cargas diversas nos trechos mais complicados – e esse não era o caso da campanha em questão; segundo, porque corria o boato de que índios andavam atacando por aqueles lados. Os demarcadores, "achando ponderosas as suas razões" (p.3), preferiram manter o posto de abastecimento fora do Salto.

Tudo estava organizado. O capitão fizera até mesmo uma breve exploração da primeira queda d'água do Cauabury, com o objetivo de certificar o regime de suas águas. Partiram no dia 23. Francellino foi o prático responsável pela condução. No percurso e nos acampamentos menores – armados apenas para passar a noite ou descansar durante algumas horas do dia –, o medo de ataque indígena foi uma constante: alguns diziam ter ouvido cânticos estranhos nas proximidades. Apesar das notícias, os demarcadores não cruzaram com nenhum índio no trajeto e, "decorridos vinte e um longos dias para a subida do rio até o Salto Huá, despendendo [...] nessa viagem grande esforço e dedicação", aportaram no "local destinado à iniciação [do] serviço" (p.3). Ali permaneceriam aproximadamente 15 dias.

Assim que chegaram, as turmas foram divididas: uns trabalhariam na construção de um marco provisório na linha geodésica Huá-Cucuhy; outros voltariam ao depósito para pegar comida; outros, por fim, tentariam identificar o Cerro Cupi. Os primeiros foram bem-sucedidos, apesar de terem atrasado por sete dias a concretização da tarefa ao se depararem, inesperadamente, com um lençol d'água a somente 60 centímetros de profundidade. Os segundos também retornaram com as caixas de víveres. Já os últimos tiveram (e fizeram) outra história. É essa história que me interessa descrever com mais detalhes.

Foram para o Cerro Cupi, como relata Nelson Simas, um técnico brasileiro, um secretário venezuelano que havia servido em várias outras campanhas e seis trabalhadores "com longa prática nesse ramo de serviço" (p.4). Observa-se, com isso, que a "experiência" foi o principal critério para a escolha daqueles que se encaminhariam para a colina. A eles, ofereceram-se elementos que poderiam favorecer a correta identificação do local procurado: "azimute do alinhamento Huá-Cupi, distância deste alinhamento, uma cópia do mapa traçado pelos comissionados de 1880 e marcações do cerro com picos notáveis assinalados no referido mapa" (p.4). Saíram, então. Teriam de exercer com acurácia o olhar para lograr êxito. Definir uma montanha entre outras montanhas não é, acredito, uma empreitada trivial. Talvez essa fosse também a opinião dos demarcadores de outrora, porquanto, depois de dois dias, retornaram ao acampamento sem saber se tinham alcançado, de fato, o Cerro Cupi. Contaram aos outros as características do lugar onde estiveram; concluíram, com ajuda da opinião geral, que tinham visto apenas a região de um dos morros que se encontrava no alinhamento Huá-Cupi. Primeira tentativa. Primeira falha.

Eles não desistiram, porém. Providos de mais informações e conscientes daquilo que não era o Cupi, partiram novamente. Isso se sucedeu no dia 17. Quando o calendário marcava 23 de novembro, um trabalhador retornou da exploração, trazendo uma carta. Nela, comunicava-se que, "depois de exaustivo trabalho feit[o] em terreno acidentado, em alguns pontos alagadiços e cortado por diversos igarapés [...], haviam finalmente reconhecido o Cerro Cupi" (p.4). A notícia foi recebida com euforia, já que, ao contrário de esperançosos, aqueles que permaneceram no Salto-Huá imaginavam que haveria um novo erro. O cerro seria, enfim, levantado pela Comissão e, o que também era muito relevante, reconhecido pela geografia. Decidiu-se levar o acampamento para onde a turma exploradora encontrava-se. O mensageiro serviu de guia. No trajeto, viram que a "natureza do terreno" confirmava tudo o que fora relatado, em ofício, "pelos dirigentes da turma de exploração" (p.4). Segunda tentativa: acerto. Aparentemente...

É o aparentemente que permite que a história continue. Não bastava, para uma afirmação categórica, apenas olhar e dizer: "este é o Monte Cupi". Para que fosse feita uma conclusão verdadeiramente plausível, era preciso que certos objetos, isto é, as tecnologias de medição geográfica e astronômica, confirmassem o que olhos observaram. Eis aquilo que devia ser vencido pelos demarcadores. O problema, no entanto, é que no caso Cerro Cupi eles não conseguiram a vitória. E essa segunda falha sucedeu-se da seguinte forma.

Após o traslado de todos aqueles que estavam no Salto, iniciou-se a preparação do terreno para a montagem do teodolito. Algumas árvores foram derrubadas para que o campo ficasse aberto à visualização do instrumento. Tudo pronto; restava somente aguardar o anoitecer, o que demorou apenas algumas horas. Durante toda a noite, a despeito dos problemas com a chuva, foram feitas as devidas observações e medições. Calculou-se, então, o azimute e definiram-se a latitude e a longitude do local. Pela manhã, para finalizar o processo, mensurou-se a altitude, utilizando, para tanto, um hipsômetro, o qual, a partir da ebulição dos líquidos, fornecia dados sobre a elevação das regiões. Do conjunto de estudos, provou-se que, indubitavelmente, aquele era um "pseudo-Cerro Cupi" (p.18). Voltou-se à estaca zero.

Como não havia mais nada a fazer ali naquele monte, resolveu-se retornar para o posto do Salto Huá e, de lá, voltar para Manaus. Parte da turma, contudo, sugeriu uma terceira investida mata adentro, sendo bem aceita pelo capitão, pois ele almejava enviar ao chefe da Comissão um relatório com todas as metas do programa cumpridas. Transcorridos dez dias, os que buscavam o cerro regressaram sem grandes novidades. Na verdade, haviam falhado uma vez mais. Os chefes das comissões dos dois países reuniram-se logo após a exposição dos demarcadores e determinaram a suspensão dos trabalhos de campo. Não adiantava mais continuar insistindo; os demarcadores haviam feito o que fora possível. Nelson Simas presumia que um dos motivos principais para toda a confusão que se fez em torno do reconhecimento do Cupi, menos que uma completa incompetência dos homens, localizava-se no mapa de 1880 utilizado como referência: o traçado estava "eivado de [...] erros em toda a extensão das cordilheiras" (p.5). Para sanar esse problema e realizar, com rapidez e eficiência, o reconhecimento da colina, o demarcador frisou a necessidade de se incluir na cena da demarcação um novo agente: a aerofotogrametria. Esta, embora já bastante conhecida, respeitada e praticada por instituições geográficas brasileiras e estrangeiras,[73] ainda não havia sido acionada pela Comissão. Para justificar a importância do uso dessa técnica aos comissionários brasileiros e venezuelanos, Simas argumentava que, através dela, as demarcações seriam menos demoradas e, a longo prazo, os custos seriam mais baixos, e citou uma consideração do estudioso de topografia A. Berget, que dizia:

> É sobretudo nas colônias que a topografia aérea tem o seu grande futuro. Em nossos vastos territórios do centro da África, a carta se acha em estado embrionário, apenas aí figurando os grandes cursos d'água, os detalhes sendo deficientes. *Calculou-se que será necessário perto de 1200 anos para se fazer o levantamento pelos métodos da carta do Estado Maior. Alguns meses serão suficientes a esquadrilhas de aviões equipadas topograficamente para reunir completamente e com precisão todos os dados necessários.* Graças à fotografia não haverá mais nem desertos, nem florestas tropicais, nem pântanos reputados inacessíveis, nem montanhas intransponíveis; e *as delimitações de fronteiras, tão delicadas e tão penosas nestas regiões inóspitas, serão feitas com rapidez e com exatidão*. Independente de rapidez de execução, a topografia por fotografia aérea comporta uma outra vantagem, mais importante hoje que nunca: a econo-

73 Já em 1924, o norte-americano Hamilton Rice aplicou a aerofotogrametria para o levantamento do território da chamada Guiana Brasileira. Para tanto, ele fez uso de técnicas e aparelhos modernos: hidroavião, aparelhagem de telégrafo, máquinas fotográficas. Mais detalhes das viagens desse geógrafo e do emprego da aerofotogrametria podem ser encontrados em Rice (1978).

> mia. Nestas regiões, onde equipagens numerosas de topógrafos são necessárias durante longos meses, a fotografia aérea fornece os mesmos resultados em algumas horas; e os resultados que fornece assim são automaticamente precisos e isentos de todo erro pessoal do observador, pois que o observador é suprimido (p.8, grifos meus).

A aerofotogrametria foi aceita como um método para os levantamentos da Comissão. Porém, no caso das fronteiras brasileiro-venezuelanas, isso se deu apenas por volta de 1938. Nesse ínterim, aconteceram muitas outras coisas e discussões sobre a organização dos planos de demarcação. Os trabalhos foram até mesmo interrompidos durante cerca de quatro anos. Narrar as razões dessa interrupção, bem como a própria aplicação da aerofotogrametria, seria uma empresa interessante. Mas termino esse causo aqui.

Por onde passa a fronteira?[74]

Esta história passou-se pelas bandas dos Rios Kidi e Guaná, no limite do Brasil com a Venezuela. Os demarcadores de ambos os países foram para essa região no final de 1939. Inusualmente, os comissários brasileiros, em vez de partir de Manaus com tudo já acertado, dirigiram-se, via companhia aérea, para a sede venezuelana, em Caracas, trinta dias antes da expedição. Lá, prepararam o programa, definindo, conjuntamente, as principais metas a serem cumpridas: chegar até os sinais aerofotogramétricos[75] construídos

74 Esse causo fundamenta-se no relatório contido na Caixa "Relatórios 1879-1941 – Fronteira Brasil-Venezuela". Relatório de campanha, 1939-1940, p.1-10.

75 Os sinais aerofotogramétricos eram feitos na forma de "T", círculo, quadrado etc. e localizavam-se próximos aos marcos construídos. Para fazê-los, os trabalhadores, especialmente os carregadores, cortavam árvores e cavavam o chão em um espaço extenso, deixando a imagem bastante visível. Houve casos em que se colocavam também troncos de árvores para delimitar as linhas que davam forma ao sinal. Convém sublinhar que, em 1939, já era empregada a aerofotogrametria nos trabalhos da Comissão, como foi mostrado no final do primeiro causo.

em expedições anteriores e que se encontravam espalhados por pontos distintos; determinar as suas respectivas coordenadas geográficas; fazer o reconhecimento aéreo do entorno e estudar, na medida do possível, a "fisionomia do terreno local" (p.1); aperfeiçoar os sinais que não haviam sido confeccionados de acordo com as designações dos engenheiros demarcadores. Pelo que se vê, muitos e desafiantes objetivos.

O trajeto até a fronteira foi feito de avião, pois, anos antes, os venezuelanos tinham estabelecido um acampamento base com uma pista de aterrissagem. A ideia de não ter de passar dias a fio dentro de um barco soava, aos ouvidos dos demarcadores, como um bom cântico – trabalhariam muito menos e chegariam mais rápido. Mas as coisas não foram tão fáceis quanto se esperava. O que, a princípio, era sinônimo de descanso tornou-se um dos principais inconvenientes, ulteriormente. Para bem compreender como se efetuou essa transformação, faz-se necessário dizer como a dita pista foi projetada. O ajudante técnico Luís de Souza Martins, descrevendo-a, afirma que estava fixada numa região de savana, cercada por cadeias de montanha tanto ao norte (Sarissariname), quanto ao sul (Canaracuni) – montanhas estas que alcançavam a altura de até 1500 metros. Isso não seria um empecilho se tivesse sido construída uma pista larga e profunda, isto é, uma pista que não ocasionasse perigos à decolagem (lado sul) e à aterrissagem (lado norte). O que não foi feito. Nos dois casos, o avião arriscava-se a colidir-se com as cordilheiras. Para agravar ainda mais a situação, o monoplano metálico Hamilton dos venezuelanos, "equipado com motor Pratt & Whitney Wasp" (p.3), encontrava-se em um péssimo estado de conservação e, por esse motivo, não suportava grandes carregamentos nem conseguia manter um número elevado de voos diários. Se estivesse em condições normais, transportaria, no máximo, 500 quilos de carga.

Todas essas questões foram omitidas pela equipe da Venezuela. Os brasileiros tomaram ciência delas somente quando se dirigiram para a viagem. E aí já não adiantava mais. Estavam jogados à própria sorte (à boa vontade do funcionamento da aeronave), porque dependeriam dela para suprir a campanha de mercadorias e equipamentos. Como se considerava que o avião conseguiria sobrevoar toda a área de fronteira para abastecer os demarcadores – fazendo uso, para tanto, de pequenos paraquedas para enviar as caixas de comida –, não se preocupou "em olhar de frente o problema do transporte de víveres através dos rios e dos caminhos abertos na floresta" (p.3). Não se fez nenhuma pesquisa acerca das condições físicas locais, assim como "não se possuía uma noção mesmo vaga da situação geográfica dos sinais, que pudesse implicar uma outra noção igualmente vaga da distância a percorrer" (p.3). Também não se contrataram, antecipadamente, carregadores. Quem exerceria esse papel, como supunham os venezuelanos, seriam os indígenas que por lá habitassem. Conduziram da Venezuela apenas um cozinheiro, um radiotelegrafista do exército e alguns outros homens que ajudariam a fazer picadas e organizariam o acampamento. Felizmente, os índios aceitaram participar da missão e até liberaram algumas de suas ubás para o transporte rumo aos Rios Kidi e Guaná.

Diante desse cenário de 'nãos' e suposições, foi-se à procura dos sinais aerofotogramétricos. Não havia mapas indicando-os e nenhum dos chefes demarcadores tinha ideia de onde eles estavam – aliás, não sabiam nem mesmo locomover-se pelas águas desconhecidas. Havia alguns trabalhadores que já tinham frequentado aqueles trechos em outras demarcações, mas, como isso ocorrera muitos anos atrás, não conseguiam lembrar-se claramente das paisagens e dos lugares pelos quais se enveredavam. Os nativos "exímios canoeiros" – tinham completo domínio da natureza que os rodeavam. Eles até poderiam auxiliar esses homens perdidos a descobrir, com facilidade, qual o paradeiro dos sinais. Mas havia um obstáculo praticamente intransponível (também desprezado pelos venezuelanos): "não era possível um entendimento perfeito entre civilizados e índios, pela incompreensão da linguagem" (p.4). A isso, somava-se o fato de os índios não se submeterem às regras estabelecidas pelos comissários: "Agiam pela própria vontade, trabalhando quando queriam. Assim nós estávamos, lamentavelmente, sob a dependência da vontade deles. Isso tornou absolutamente impossível qualquer medida tendente a imprimir rapidez aos trabalhos" (p.4).

Todos permaneceram juntos durante oito dias de viagem. Depois desse período, formaram-se duas turmas, uma designada para levantar o Guaná, e a outra, o Kidi. A partir daqui, contarei apenas o que se passou neste último, que, na época, se apresentava com "um pequeno volume d'água" e com uma "vegetação rala e baixa em ambas as margens" (p.4).

Já nos primeiros dias de navegação, a escassez de comida se fez sentir. O monoplano praticamente não sobrevoava o local; sem contar que houve vezes em que os paraquedas que soltava pelo ar arrebentavam-se ou não se abriam de modo correto, derrubando as caixas por terra, violentamente. Quanto mais se aprofundava rio acima, mais as águas minguavam. Chegou-se a um ponto em que a passagem das canoas tornou-se impossível: muitas árvores e gravetos barravam o caminho. Nesse momento, um dos homens que estava a bordo recordou-se do lugar onde as embarcações pararam. Era um certo cozinheiro Gabito. Contou que, em trabalhos passados, havia sido o responsável, junto de outros trabalhadores, por abrir atalhos bem ali. E mais: o cozinheiro ratificou que as sinalizações foram deixadas nas proximidades daquele ponto. A picada estava "quase inteiramente apagada" (p.5). Os chefes hesitaram. Não sabiam se acreditavam, realmente, nas informações oferecidas pelo trabalhador que ocupava uma das últimas posições na hierarquia dos demarcadores. Interrogaram-no a respeito do que afirmara. Martins, o ajudante técnico brasileiro, considerou que as palavras dele estavam permeadas de contradição. Sem ter uma opção mais razoável, resolveram dar uma chance para as afirmações de Gabito. Para Martins, ao fazer isso, "a sorte da turma e do serviço ficou totalmente confiada à aventura" (p.5).

No dia seguinte à fala do cozinheiro, marcharam pela margem do Kidi. Tiveram de deixar a maioria dos gêneros alimentícios e instrumentos de medição dentro de um tapiri (espécie de choupana) erguido pelos indígenas, os quais já trabalhavam a contragosto.

Havia certa ansiedade para visualizar o sinal, principalmente por parte dos chefes. Queriam saber se a fronteira do cozinheiro Gabito era, verdadeiramente, a linha de fronteira que passava pelo rio ou se era apenas uma falsa fronteira, um falso sinal. O percurso foi breve: somente quatro horas. Atingiram um lugar com árvores tombadas, formando uma espécie de clareira. Detiveram o passo. O cozinheiro disse a Martins e ao líder venezuelano, senhor Hilário Itriago, que ali era o local, "o mesmo local que ele havia escolhido para a construção do sinal" (p.5). Os chefes fizeram uma vistoria da área. Não havia nenhuma indicação real de ser aquele o lugar efetivo da antiga sinalização. Concluíram que as árvores espalhadas pelo chão não foram derrubadas por um machado empunhado pelas mãos de algum homem, e, sim, por uma tempestade. Para provar que não estavam na fronteira e também para localizarem-se geograficamente, Martins fez algumas medições e cálculos. Não foram utilizados instrumentos muito precisos, porque a maioria deles ficara no acampamento rio abaixo. Obtiveram-se uma latitude e uma longitude aproximadas, cujo resultado demonstrou, numericamente, que a linha fronteiriça estava, no mínimo, a uns cinco quilômetros daquele posto.

Se quisessem um outro desfecho para aquela missão demarcatória, não poderiam perder mais tempo. Era preciso agir, senão, além de voltar para seus respectivos países sem nenhuma novidade, sofreriam com a falta de víveres – restava só uma "pequena quantidade de provisões" (p.6) guardadas na tapiri. Decidiram caminhar adiante, em direção mais ao sul. Horas mais tarde, aportaram em um lugar que o senhor Hilário "acreditou" (p.6)[76] pertencer ao divisor de águas, à fronteira. Para lá, conduziram todas as bagagens. Dias depois, construíram o novo sinal aerofotogramétrico, uma vez que o antigo não fora achado. Luís de Souza Martins, antes de

76 O relatório não faz nenhuma referência a medições geográficas para confirmar a hipótese do senhor Hilário Itriago, líder da turma venezuelana na campanha do Rio Kidi.

terminados os trabalhos, foi acometido por uma forte infecção amebiana, tendo que, urgentemente, retornar ao acampamento base.

O sinal aerofotogramétrico foi delineado e, posteriormente, pôde ser visto pelos demarcadores do alto do céu, dentro da cabine do avião que por lá sobrevoava. Mas isso, como narrei, não se concretizou sem grandes transtornos. De tal experiência, o ajudante técnico brasileiro não hesitou em declarar firmemente: "os dias que se sucederam trouxeram a iniludível certeza da necessidade que se tem sempre de projetar antes de construir" (p.4).

Caderno de imagens 2

Imagem 2.1
Fonte: Álbum fotográfico número 8 – página 19.

Imagem 2.2
Fonte: Álbum fotográfico número 8 – página 34.

Imagem 2.3
Fonte: Álbum fotográfico número 7 – página 25.

Imagem 2.4
Fonte: Álbum fotográfico número 7 – página 35.

Imagem 2.5
Fonte: Álbum fotográfico número 1 – página 56.

Imagem 2.6
Fonte: Álbum fotográfico número 7 – página 39.

Imagem 2.7
Fonte: Álbum fotográfico número 1 – página 54.

Imagem 2.8
Fonte: Álbum fotográfico número 1 – página 66.

Imagem 2.9
Fonte: Álbum fotográfico número 7 – página 33.

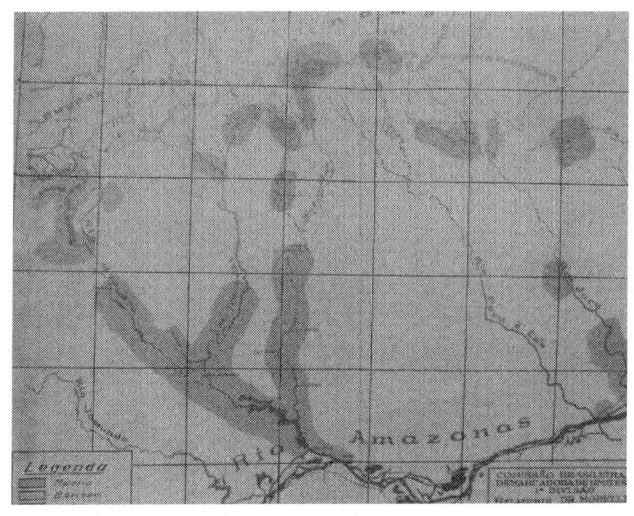

Imagem 2.10
Fonte: Mapa retirado da Memória apresentada ao IX Congresso Brasileiro de Geografia, Florianópolis, setembro de 1940 (3 volumes) – s. p., volume 3.

Imagem 2.11
Fonte: Memória apresentada ao IX Congresso Brasileiro de Geografia, Florianópolis, setembro de 1940 (3 volumes) – s. p. volume 3.

Imagem 2.12
Fonte: Álbum fotográfico número 7 – página 46.

Imagem 2.13
Fonte: Álbum fotográfico número 3 – s. p.

Imagem 2.14
Fonte: Bússola do Museu Técnico-Científico da Segunda Comissão Demarcadora de Limites, Rio de Janeiro. Foto do autor

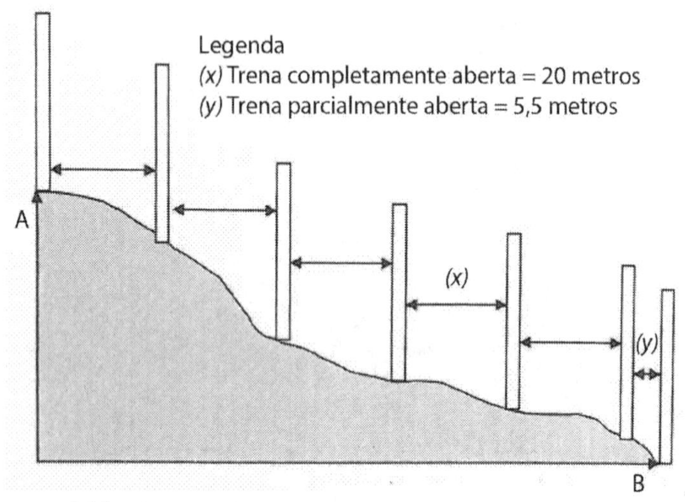

Imagem 2.15
Fonte: Esquema de regulação de terreno para utilização de trena ou corrente de agrimensor. Elaborado pelo autor.

Imagem 2.16
Fonte: Telêmetro do Museu técnico-etnográfico da PCDL – Foto do autor.

Imagem 2.17
Fonte: Álbum fotográfico número 5 – página 26.

Imagem 2.18
Fonte: Álbum fotográfico número 5 – página 26.

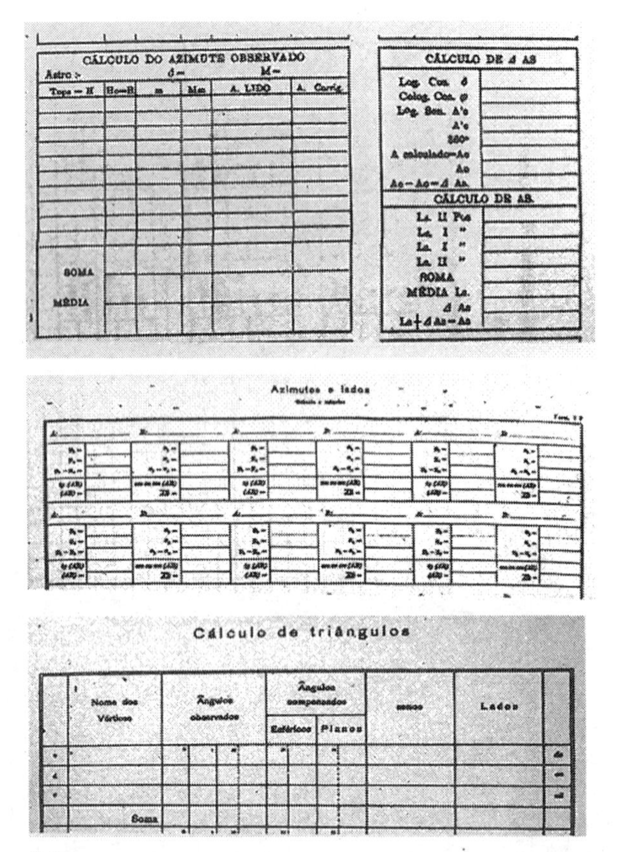

CÁLCULO DO AZIMUTE OBSERVADO

Astro = δ = M =

Topo – H	Ho – R	m	Mm	A. LIDO	A. Corrig.
SOMA					
MÉDIA					

CÁLCULO DE Δ AS

Log. Cos. δ	
Colog. Cos. φ	
Log. Sen. A's	
A's	
360°	
A calculado = Ac	
Ao	
Ac – Ao = Δ As.	

CÁLCULO DE AS.

La. II Pos	
La. I "	
La. I "	
La. II "	
SOMA	
MÉDIA La.	
Δ As	
La + Δ As = As	

Azimutes e lados

Cálculo de triângulos

	Nome dos Vértices	Ângulos observados	Ângulos compensados – Esféricos	Ângulos compensados – Planos	senos	Lados	
	Soma						

Imagem 2.19

Fonte: Demarcação de azimute e cálculo de triângulos, folhas avulsas, sem página (PCDL).

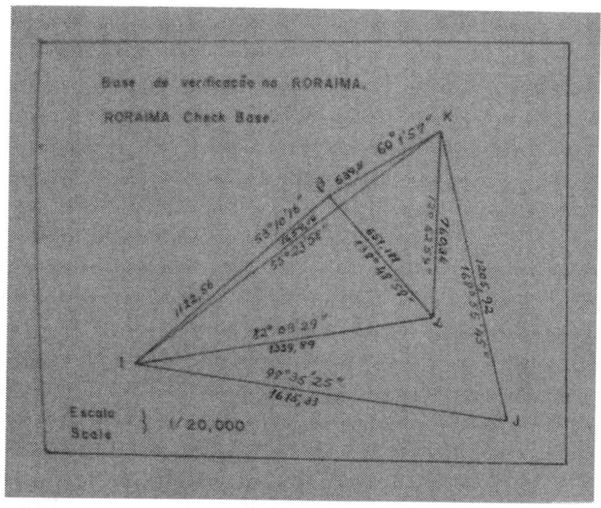

Imagem 2.20
Fonte: Relatório da Comissão Mista Brasileiro-Britânica, ano de 1940 (cópia) – sem página.

Imagem 2.21
Fonte: Álbum fotográfico número 8 – página 19.

Imagem 2.22
Fonte: Relatório Venezuela 1945/46, campanha nos Rios Castanho e Padauiri – página 24.

3
Linhas móveis

'Coisas' que chegam

Retorno para o escritório da Comissão. Pretendo ir em direção a uma de suas diferentes subdivisões: a oficina de desenho. Uma sala que ocupou um lugar precípuo nas histórias das demarcações do norte brasileiro, mas que não existe mais, porque os computadores, com seus diversos programas, passaram a cumprir, atualmente, as funções dos profissionais e objetos que lá trabalhavam. Nela não eram preparados somente mapas (sua principal função); produzir desenhos para as capas e catálogos dos álbuns de fotografias e fazer projetos de armários de madeira para manter resguardados esses mesmos álbuns, relatórios gerais e livros eram também tarefas que os desenhistas realizavam cotidianamente em seu interior. Tais atividades, quando relacionadas com aquelas dos funcionários da mapoteca e biblioteca, auxiliavam na produção do arquivo de fronteira da Comissão. Isso é bastante interessante, posto que, embora fosse uma obrigação corriqueira para os desenhistas, armários e álbuns eram essenciais para uma organização arquivística eficiente. Imagine a confusão formada por centenas de fotos de campanha, muitas delas semelhantes umas às outras, espalhadas em vários locais (mesas, gavetas, salas variadas) ou mantidas em fichários sem nenhum tipo de índice que possibilite sua rápida localização! Álbuns em armários, distribuídos em séries sequenciais, com seus respectivos catálogos colados nas contracapas, indicando a que cada uma das fotografias referia-se, era um bom meio para agilizar o trabalho daqueles que necessitavam rever, por alguma razão, o que foi feito durante as expedições nas fronteiras (ambos poderiam auxiliar aos desenhistas, quando precisassem observar alguma fotografia ou folhear relatórios, por exemplo). Não seria totalmente descabido, além disso, apontar uma atuação menos utilitária para esses objetos. Como a pasta que apareceu no Capítulo 2 (a pasta dos roteiros cinematográficos), eles também eram suportes fundamentais para a conformação dos documentos que neles eram conservados, isto é, formatavam, constituíam uma história, mas uma história que tinha a presença constante do ponto de vista dos organizadores do arquivo. Considerando esses pontos, o armário, por exemplo, deixa de ser somente um conjunto passivo de madeira, prego, cola e vidros, e o projeto do desenhista ultrapassa o plano do papel, tornando-se um propulsor de relações entre o arquivo de demarcação e a oficina de desenho (relação que, em um outro tipo de abordagem, tende a não aparecer).

Com os desenhos dos mapas, essas relações intensificam-se ainda mais. É para a feitura das cartas que voltarei o olhar. Para tanto, não posso me ater, por ora, apenas aos elementos que estão presentes no interior da sala. Faz-se necessário observar certas 'coisas' que chegam (vêm de fora) e, em seguida, passam a fazer parte dos instrumentos que propiciam a efetivação, no papel, das linhas finais da fronteira. Sendo objetivo, falo aqui dos 'dados' trasladados da campanha para o escritório.

Cadernetas e relatórios

Os comissionários não falam de 'coisas' que chegam nem se pronunciam, vigorosamente, acerca da oficina de desenho. Nos artefatos documentais que pude manipular, poucas são as referências diretas a ela: visualizei uma fotografia, onde se encontravam os desenhistas diante da mesa de trabalho (Imagem 3.1); encontrei, nos "Boletins", algumas enumerações das tarefas que os desenhistas cumpriam e também os nomes de alguns especialistas em desenho que foram contratados pela instituição. Se considerasse apenas essas informações, não teria percebido sua grande relevância para os trabalhos de demarcação. No entanto abundam indícios de sua importância no atual prédio da Comissão. As paredes de alguns cômodos – como, a sala em que se encontra uma grande mesa (Imagem 3.2 e 3.3) ao redor da qual os demarcadores de outrora realizavam conferências de demarcação e que hoje é útil para os pesquisadores que procuram a instituição (serve de apoio para que sejam abertos os extensos mapas) – são repletas de imagens que foram elaboradas na seção de desenho: variados tipos de mapas, figuras representando as atividades dos expedicionários, brasões. Não posso deixar de citar a mapoteca, onde, além das cartas computadorizadas, cuja produção data da metade dos anos 1990, aproximadamente, há muitos materiais provenientes do habilidoso trabalho dos desenhistas. Tudo isso me impediu de abandonar a seção de desenho e, principalmente, fez-me refletir sobre sua atuação nas atividades demarcatórias.

Se os demarcadores não falam de 'coisas' que chegam, por que utilizo essa ideia? Não seria mais plausível ir, desde o primeiro instante, para a oficina e examinar os mapas que são construídos em seu interior? Esta última questão aponta um caminho possível. Contudo, se eu o seguisse, teria dificuldade de pôr em interação a oficina e as campanhas ou a oficina e outras seções; na pior das hipóteses, poderia levar-me a postular uma separação hermética entre ambos os pares. E isso contrariaria a prática dos desenhistas e demarcadores em geral, pelo menos a prática que se observa nas descrições e conclusões advindas dos relatórios. Opto, diante disso, por mostrar que havia uma permeabilidade da seção de desenho àquilo que vinha de fora, em especial das expedições que forneciam a bagagem empírica para traduzir uma fronteira em cima de uma mesa longe dessa mesma fronteira: a mesa do desenhista. Outra razão para enfatizar esse intercâmbio diz respeito aos próprios desenhistas, que, quase sempre, não se dirigiam para o local onde as demarcações aconteciam. Sem ir para campo, só lhes restavam, portanto, as 'coisas' que chegavam.[1]

Das campanhas, retornavam ou chegavam muitas coisas e pessoas: os trabalhadores, contratados em alguma cidade relativamente próxima a Belém, voltavam para suas casas com seus salários e histórias para relatar a seus familiares; retornavam os equipamentos técnicos, as embarcações, os restos de caixas de alimentos; chegavam artefatos dos nativos, como cocares, vasilhas de cerâmica, bancos de madeira, flechas, cestos de palha etc.; regressavam os demarcadores, trazendo, sobretudo, cadernetas com variadas informações sobre o processo de demarcação. De tudo isso, o que mais interessava às atividades da Comissão eram estas últimas 'coisas'. Elas já apareceram nos capítulos anteriores, sendo que em ambos surgiram como um objeto para anotação e averiguação. Mas isso ficou mais explícito no "Deslocamento 7" do segundo capítulo, quando, em certa passagem do causo, o técnico Leônidas utilizou-as como um instrumento para descobrir, esquematicamente, onde passava certa fronteira – instrumento que lhe permitiu pensar com as mãos e com a própria caneta (Latour, 1986, p.18-9).

Ao entrar no escritório, como visto no Capítulo 1, as cadernetas transformavam-se em relatórios datilografados, o que lhes acarretava a perda de marcas identificatórias de suas passagens por outras terras: não mais carregavam as manchas provocadas pela chuva ou, simplesmente, pela alta umidade local; nem uma tinta borrada; nem páginas rasgadas ou furadas; nem sinais de barro. E não era modificada apenas a aparência delas. Seus textos, organizados na forma de diários e despretensiosos no que se refere a uma perfeita articulação entre fatos e frases, tornavam-se narrativas coerentes,

1 Isso vai ao encontro de uma ideia apresentada por Michel De Certeau. Diz ele: "O cartógrafo não tem necessidade de viajar; de fato, ele pode não ter nenhuma experiência do território que busca representar meticulosamente. Sua tarefa é, ao contrário, ajuntar, distante do local de campo, a informação que lhe é fornecida" (apud Ingold, 2000, p.234, tradução minha).

em que eram resumidos eventos ocorridos durante meses. Nesse processo, certos acontecimentos eram eliminados, enquanto outros ganhavam maior evidência. A principal preocupação era manter as descrições relacionadas aos aspectos da topografia, vegetação, hidrografia e aos habitantes da região que fora levantada. Como ilustração, transcrevo algumas dessas descrições:

> A direção geral do rio tronco Mahú ou Ireng é de NE e NEE. [...] O trecho do rio Mahú, a partir do lugar Ipichau, transforma-se completamente de aspecto, os terrenos marginais são cobertos por densa floresta, na qual se verifica a existência de todas as madeiras da Amazônia. Apesar de existir algumas montanhas, o terreno é tão acidentado quanto o anterior. A população indígena, Patamona, é mais espalhada e não tem grandes núcleos, notando-se que da confluência dos formadores Ireng-Socobi, à montante, pelo braço Ireng, não existe um único morador.[2]

> O tuxaua [chefe indígena] Bensiman [...] nos acompanhou sempre durante os trabalhos e muito se esforçava para se fazer compreender em suas informações. Pelas mesmas, as nascente do braço Socobi vai ter numa serra onde também nasce o rio Potaro. [...] Da nascente do braço Socobi para a do rio Potaro são cerca de 4 horas de viagem por terra. O tuchaua informou que no Socobi existem muitas cachoeiras e maiores do que a de Curutuiuck. [Sobre] a serra na qual o Socobi tem sua nascente, compreendi que o tuchaua se expressava para me informar que era inacessível, necessitando de 4 a 5 dias de viagem para alcançá-la.[3]

> Esse rio [Camogi], de água muito limpa e meio azulada, é um importante afluente do Catrimani. Tem 25 metros de largura e

2 Caixa "Relatórios 1927-1932 – Fronteira Brasil-Guiana Britânica". Relatório de campanha, 1931-1932, p.26.

3 Caixa "Relatórios 1927-1932 – Fronteira Brasil-Guiana Britânica". Relatório de campanha, 1931-1932, p.12.

profundidade suficiente para a navegação, em canoas, até muito no alto.[4]

> Para melhor descrição do rio [Demeni], reporto-me às suas nascentes, na cordilheira em que suas águas têm origem. O terreno ali é baixo e a chapada divisória, larga. O galho principal nasce em uma serra e a chapada não atinge cinco metros de altura, apesar de a sua altitude ser aproximadamente de setecentos metros. São três os galhos formadores do Demeni, que ao se juntarem a curto intervalo um do outro, engrossam-no, correndo o mesmo, desse ponto para diante, com um bom volume d'água. A partir das nascentes, cerca de dez quilômetros para jusante, o rio esconde-se num longo e fechado tabocal que muito dificultou os serviços de seu levantamento. Passando o tabocal que se estende até o cume das serras, começam as cachoeiras que variam em altura, desde cinco até oitenta metros. Com esta última altura temos duas cachoeiras, sendo uma no rio Demeni propriamente dito e outra em um de seus afluentes, com oitenta metros e meio, separadas por curta distância uma da outra, ambas caindo do mesmo lençol de rocha que se estende de um ao outro rio.[5]

Nesses excertos, há uma mistura de informações qualitativas e quantitativas, vindas tanto das conclusões dos engenheiros que iam para campo (maioria delas), quanto dos nativos (minoria delas): destacam-se a largura de um rio [25 metros]; a direção em que um outro corre ["NE e NEE"]; os galhos formadores de mais um outro; a importância de um afluente para um curso d'água; a localização de uma cabeceira; e assim por diante. Tais referências eram importantes para os demarcadores porque indicavam os traços que caracterizavam, pontualmente, as águas/terras que passariam a ocupar os futuros mapas. Mas não se pode desprezar o lugar das

---

4 Caixa "Relatórios 1879-1941 – Fronteira Brasil-Venezuela". Relatório de campanha de 1940-1941, p.4.

5 Caixa "Relatório 1879-1941 – Fronteira Brasil-Venezuela". Relatório de campanha 1940-1941, p.6.

outras frases que compõem as descrições. Elas, embora não fossem tão específicas, serviam, no mínimo, para criar, na mente daqueles que faziam cartas geográficas (desenhistas), uma imagem, provisória e geral, da paisagem onde se encontrava a linha demarcada. Daí ser bastante válido conhecer algo sobre a navegabilidade de um rio, as cachoeiras ou rápidos, os tipos de madeira[6] ("densa floresta, na qual se verifica a existência de madeiras de toda a floresta Amazônica") e os acidentes mais notórios de um terreno e suas imediações. Tendo ciência desses aspectos, o desenhista podia definir formas de representá-los nos mapas – se preciso fosse, é claro. Essa necessidade dependia não apenas dele, mas também dos interesses da Comissão em ter tais informações registradas graficamente.

Além desse modelo descritivo, dentro dos relatórios também havia outras formas de expressão dos resultados dos levantamentos, principalmente os resultados provenientes dos aparelhos de medição operados pelos técnicos. Como mostrei no Capítulo 2, os instrumentos performavam as fronteiras de diferentes modos: como coordenada geográfica, como azimute ou, só para citar alguns exemplos, como comprimento em metros. Mesmo já aparecendo dispersos, ou melhor, entremeados às frases descritivas, esses 'dados' (performados) eram, outrossim, organizados e datilografados na forma de tabelas ou em tópicos denominados "Serviços realizados". Isso muito facilitava as operações dos desenhistas, que não se perderiam entre cálculos matemáticos de tangentes, senos, cossenos ou de relações métricas entre triângulos. Fórmulas e cálculos eram apreciados com mais afinco pelos profissionais que efetuaram os trabalhos de topografia e astronomia no período de campanha, bem como pelo chefe da Comissão, sempre preocupado com a precisão daquilo que era fornecido por seus funcionários. Para os homens do desenho, importava, sim, acessar os resultados, não os métodos que foram acionados para atingi-los. Assim sendo,

6 Conhecer as espécies de árvores e a navegabilidade pode dar algum rendimento para as leituras da área de geografia que pensam as questões relacionadas à exploração dos recursos na área de fronteira.

sabendo onde ficava o norte, o sul, para que lado determinado rio corria e qual seu tamanho (largura e comprimento), os graus que permitiam a localização de uma maloca, uma cachoeira, um marco, o cartógrafo tinha exatamente o que devia aparecer em seus desenhos (Imagem 3.4).

Croquis de campo

Até aqui apresentei somente os artefatos verbais que eram encaminhados para a oficina. Mas eles não eram os únicos. Havia outra 'coisa' (que chegava) de grande valor para os desenhistas: os croquis das fronteiras, delineados em campo pelos engenheiros cartógrafos (Imagens 3.5 e 3.6). Tais esboços de mapas não se ocupavam de todos os trechos percorridos durante os trabalhos. Longe disso. Da leitura dos relatórios e observação dos croquis, nota-se que eram plotadas no papel sobretudo as áreas merecedoras do qualificativo de problemáticas. Traçavam-se, por exemplo, os seguintes locais: as matas/savanas e os rios desconhecidos ou pouco conhecidos, como aqueles que eram marcados com pontos de interrogação ou com a designação "índios bravos" em antigas cartas de viajantes; as confluências de dois ou mais rios, especialmente aquelas que possuíam cursos d'água muito semelhantes e, por isso, dificultavam o processo de definição do rio principal; as nascentes cercadas por uma grande quantidade de riachos ou braços d'água; os lugares de interesse econômico e social, como aqueles onde habitavam grande quantidade de pessoas ou os que tinham mineradoras nas proximidades. Também eram rascunhadas algumas demarcações que não apresentavam problemas, com o intuito de bem determinar onde se levantaram os marcos.

Para se obter um "bom croqui", conforme contou-me um antigo desenhista cartógrafo (senhor Alcides),[7] era preciso que um

---

7 No mês de novembro de 2011, tive a oportunidade de conversar com o senhor Alcides, hoje com 90 anos de idade, que se ocupou, durante décadas, da oficina de desenho da SCDL. Na conversa, ele me falou a respeito da profissão dos desenhistas de mapas, onde costumeiramente se formavam

"bom técnico" tivesse cumprido, com rigor, as devidas medições astronômicas, topográficas e geodésicas através dos instrumentos levados para a campanha. Esse técnico devia dominar os mecanismos de operar, na prática, um teodolito, uma bússola, um podômetro (contador de passos utilizado na quantificação das distâncias) ou um telêmetro, assim como necessitava conhecer, minimamente, as técnicas de projeção cartográfica. Alírio de Matos, em um artigo publicado em 1945, na RBG, toca na mesma questão, inserindo, porém, outros quesitos. Para ele, havia uma ordem crescente de precisão nos métodos empregados: primeiramente, vinham os levantamentos feitos com bússola e podômetro, muito dependentes dos julgamentos e conclusões advindos do "olhar" do próprio técnico; em segundo, os dados obtidos a partir das coordenadas medidas astronomicamente através de um instrumento menos sujeito às opiniões daquele que o manipulava – o teodolito; em terceiro, "os levantamentos de melhor precisão apoiados em coordenadas geográficas" (p.622); em quarto, as triangulações feitas a partir de determinações astronômicas; por fim, "a aerofotogrametria aliada à triangulação" (p.622). No caso da Comissão, tais operações de campo eram acionadas de acordo com os objetivos específicos de cada uma das campanhas: quanto maior a necessidade de conhecimento ou controle da região a ser demarcada, maior era a necessidade de se apoiar em métodos de levantamentos mais precisos. Como sublinha Brás de Aguiar: "Não se justificaria, por exemplo, o emprego de uma triangulação geodésica numa demarcação de fronteira correndo em região completamente deserta".[8]

Observa-se, principalmente a partir da última colocação, que a produção de um croqui punha em cena não somente questões de cunho técnico-científico, mas também político e econômico. A ação do (cientista) demarcador necessitava estar em consonância tanto com os conceitos e ferramentas provenientes do mundo da

(escola de desenhistas cartógrafos do exército, seguidora da Missão Austríaca) e apresentou-me os instrumentos utilizados em seu ofício.

8 Aguiar, *Memória*, 1940, p.9.

ciência quanto com as orientações políticas formuladas pelo chefe da Comissão nas conferências de demarcação. Do mesmo modo, a precisão não era unicamente um assunto voltado para a qualidade e eficiência dos instrumentos ou cientificidade dos métodos. Estes, indubitavelmente, não eram deixados de lado pelos comissários, no entanto, sozinhos, não diziam o que era "precisão" no âmbito da demarcação. Menos que algo fixo, dado de antemão, precisão era um conceito móvel, dependente das negociações firmadas entre os funcionários da Comissão e seus pares estrangeiros (venezuelanos, surinameses, colombianos etc.). Assim, após as transações entre os comissionários, um rio, levantado com métodos e instrumentos até então considerados precisos, poderia ter suas medições questionadas, necessitando passar por um novo processo de mensuração para adquirir um resultado politicamente mais preciso. Essa mobilidade política da precisão talvez seja bem expressa pelo termo aproximação, o qual denota que nunca se está diante de uma medida fechada, acabada, exata. Vale acrescentar que utilizar esse termo é, para mim, um meio de dialogar com uma frase de um dos diretores da Comissão, a saber: "Demarcar é aproximar". Com ela, o diretor desejava expressar a ambição de o Brasil, através das demarcações, passar a relacionar-se cada vez mais pacificamente com os países vizinhos, aproximando-se deles e estabelecendo laços políticos, sociais e econômicos. Mas será que isso abarca todo o seu sentido? Para mim, ela também resume o ato mesmo de demarcar, sintetiza os objetivos das medições: criar uma linha de fronteira, aproximadamente.

Os desenhistas podiam ver os croquis aproximados e deles tirar algumas conclusões e inspirações para os trabalhos futuros. Quando não compreendiam algo que os rascunhos traziam, dirigiam-se aos profissionais que os traçaram. Coordenadas que não batiam ou mudanças de metragem eram algumas das dúvidas comuns entre os desenhistas, como me disse o senhor Alcides. Isso acontecia, segundo ele, por causa do longo caminho percorrido pelos dados dentro do escritório: passavam pelas mãos de técnicos, engenheiros cartógrafos, chefes, datilógrafas, dentre outros. Se, por exemplo, uma secretária, por descuido, datilografasse um único número incorretamente, um 'dado' de campo poderia ser transformado em outro e, consequentemente, gerar confusão e discordâncias entre os funcionários e as próprias cartas de limites.

Fotografias e livros de viagem

Junto dos pedaços de mapas esboçados nas expedições, chegavam também outras imagens: as fotografias. "Aquelas fotografias que eram postas nos álbuns finalizados com a ajuda dos próprios desenhistas?" Sim, aquelas fotos. Como mostrei nos capítulos anteriores, nas fotografias encontravam-se imagens da natureza, algo que muito interessava à oficina de desenho. Com elas, era possível vislumbrar aspectos não tocados nas descrições e nos croquis; sem contar que serviam como uma forma de experimentar um pouco do campo dentro da própria sala. Havia, ainda, as imagens que foram obtidas pelo método da aerofotogrametria, nas quais se viam, tanto quanto possível, os sinais deixados no chão durante as demarcações e os cursos dos rios serpenteando as florestas (linhas cheias de curvas, tal como as que se veem nas cartas), bem como os formatos e a extensão das montanhas. Para conseguir essas visadas aéreas, instalava-se em um avião um trimetrogon, "aparelho [...] constando de 3 câmaras fotográficas, uma vertical e 2 inclinadas de 60° à direita e esquerda respectivamente" (Matos, 1945, p.623), e sobrevoava-se o terreno a ser levantado. Como Alírio Matos (1945) descreve:

> A altura de voo é da ordem de 6000 metros, a escala de fotografia vertical é de cerca de 1/40000, a das oblíquas variando conforme o afastamento de cada ponto. A faixa útil de terreno abrangida pelo grupo das 3 fotografia é da ordem de 25 quilômetros e portanto a área aproveitada por uma linha de voo é enorme. A compilação dos mapas exige que se disponha de pontos de controle no terreno [sinais aerofotogramétricos]. Esses pontos podem ser geodésicos ou astronômicos. O ideal é que o afastamento entre esses pontos não seja superior a 30 quilômetros, mas em casos de impossibilidade

tem se aproveitado pontos com afastamento de 100 quilômetros (p.623).

Por fim, listo alguns materiais que vinham de fora, mas que não eram fruto dos trabalhos dos demarcadores. Refiro-me aos atlas, às narrativas de viajantes, às memórias advindas de outras tentativas demarcatórias e aos livros ou folhetos de instituições especializadas em cartografia, como o Instituto Brasileiro de Geografia e Estatística (IBGE) e o Serviço de Geografia do Exército. Como indicam os Boletins da Comissão, entravam, mensalmente, muitas informações e regras sobre os modos de proceder nos levantamentos geográficos e nas produções cartográficas: especificações de fontes que deviam ser utilizadas, manuais de cartografia etc. Em relação aos atlas, o senhor Alcides disse-me que eles eram essenciais para adquirir modelos de trechos não abrangidos pelos levantamentos dos demarcadores, mas que precisavam, de todo modo, constar nas cartas das demarcações. O desenhista também salientou que, sabendo-se da imprecisão de alguns 'dados', especificamente aqueles da região amazônica (no período ainda extremamente desconhecida), os atlas deviam ser resultados de trabalhos minimamente confiáveis, pois estava em jogo o nome da Comissão: uma informação extremamente errônea acarretava problemas e desconfianças por parte de outros órgãos geográficos ou mesmo dos representantes dos países com os quais ela se relacionava durante as demarcações.

Elencadas as 'coisas' que chegam, é necessário, ainda, dar a conhecer o que os demarcadores (técnicos e chefe) e desenhistas faziam para inscrevê-las como traço no papel.

Desenhando e disciplinando 'dados'

Encontrar onde passava a fronteira era o principal desafio que os demarcadores tinham de ultrapassar durante os meses de campanha. E lá em Belém, dentro de um escritório, diante de uma mesa, qual era o maior desafio deles e dos desenhistas? Nesse local, tinham de devassar coisas não menos trabalhosas e emaranhadas que matagais fechados em terras pouco conhecidas: estavam obrigados a juntar os dados que vinham do campo e transformá-los em um desenho coerente e ordenado. Seguindo as determinações da Comissão, "[r]epresentar[iam] no papel a linha limítrofe e a região dos dois países que lhe é contígua" e expressariam "claramente a situação da linha limítrofe; as posições de todos os marcos da fronteira e dos pontos importantes que essa linha atravessa; os acidentes físicos da região que lhe é adjacente".[9]

Mas em que residia a dificuldade para se concretizar essa carta? Ou por que postular que ela era uma atividade tão pesada quanto a da própria demarcação? Manipulando, por exemplo, um esquema geral da fronteira completamente finalizado, tal como o que se vê na Imagem 3.7, alguém pode duvidar do caráter árduo dos serviços exercidos pelos desenhistas e demarcadores no escritório, dizendo: "não há indicações de que seja tão complicado assim ligar, em uma folha quadriculada e instrumentos apropriados, uma linha à outra". O detalhe é que, na feitura, as coisas não se colocavam de maneira tão evidente para os demarcadores. As linhas que se veem interconectadas nos atlas da demarcação apresentavam-se, quando chegavam a Belém, totalmente separadas, dispersas em materiais produzidos ao longo de muitos anos,[10] elaborados por pessoas (auxiliares

---

9 Aguiar, *Memória*, 1940, p.8.

10 A demarcação da Venezuela é um bom exemplo de demarcação prolongada. As atividades na fronteira brasileiro-venezuelana começaram por volta de 1930. Passados alguns anos, o governo venezuelano decidiu paralisar as demarcações. O Brasil tentou, de várias formas, negociar um meio de não interromper as ações, porém não conseguiu convencer os representantes vizinhos. Não demarcou-se nada durante quase cinco anos. Em 1938, depois de muitas reuniões, os demarcadores voltaram para campo e continuaram os trabalhos nos locais onde haviam estacionado. Durante a década de 1940, foram feitas muitas demarcações na Venezuela. A Guiana Britânica é um caso distinto do anterior, mas não menos prolongado. As fronteiras com esse país foram demarcadas na década de 1930; foram quase dez anos de trabalho ininterruptos. As *Memórias* de Brás de Aguiar, de 1940, baseiam-se, em grande parte, nas demarcações levadas a cabo nessa região.

e técnicos) distintas e por meios variados. Ainda que regidos pelas mesmas regras, os trabalhadores, em expedição, seguiam as estratégias (escolha de ferramentas, métodos, maneiras e momentos de medir etc.) mais eficazes para a sua campanha, tendo que resolver imprevistos e questões particulares – resoluções que influenciavam na própria maneira de descrever os resultados nos relatórios finais, destinados, por exemplo, à apreciação dos desenhistas.

Havia também o problema do bom desempenho das funções: enquanto uns demarcadores escreviam descrições e tabelas mais claras e detalhadas, outros apresentavam relatórios confusos e, por vezes, com menos 'dados'. E há mais. Os croquis de campo não necessariamente possuíam a mesma escala (quando a possuíam, é claro): desenhos em escala maior continham as melhores descrições dos pontos representados e dos aspectos topográficos que poderiam gerar incompreensões; os de escala menor, mesmo mostrando as distâncias entre dois ou mais marcos, acompanhados de suas respectivas coordenadas geográficas, não especificavam, com acuidade, as curvaturas dos rios e das montanhas. Outra questão com a qual eles se deparavam refere-se às fotografias aéreas que deviam ser articuladas aos trabalhos que não as utilizaram, como aqueles que foram feitos no início dos anos 1930, momento em que os comissionários ainda debatiam se compensaria aplicar a aerofotogrametria nas demarcações.

Os 'dados' não eram diferentes apenas devido às variadas formas de atuação dos demarcadores – uns mais engajados e competentes, outros, menos. O próprio modo pelo qual esses dados eram efetivados demarcava diferenças nas 'coisas' que chegavam e que precisavam ser ajuntadas. Da perspectiva do telêmetro, a fronteira era efetivada em distância metrificada, a qual podia ser diferente de uma distância obtida por meio do método de caminhamento (uso do podômetro) – no limite, as aproximações métricas geradas pelos dois instrumentos/métodos podiam vir a produzir traços cartográficos completamente desiguais. Já do ponto de vista do teodolito, a mesma fronteira era efetivada em ângulos e distâncias, transmutados, através de cálculos, em longitude e latitude. Esse tema foi visto no Capítulo 2, não sendo necessário deter-me nele novamente. O ponto que desejo enfatizar é que os múltiplos dados precisavam ser singularizados no mapa feito pelos profissionais que operavam no escritório, pois o objetivo dos comissionários não era ter ou apresentar uma fronteira fragmentada. Mas como eles relacionavam essas 'coisas', como as adicionavam umas às outras, fundiam-nas?

Essa foi uma dúvida persistente quando manipulava os diferentes artefatos documentais. Contudo, não sabia como encontrar vias para respondê-la. Os relatórios não me diziam nada, calavam-se. Via neles somente mapas prontos, caracterizando a fronteira e os territórios levantados com suas cores e traços bem-feitos. Constantemente, indagava: o que aconteceu para que os desenhos ficassem assim? Qual foi o processo? Como não detectei uma possível solução para essas questões nos próprios escritos da Comissão, fui atrás de outras 'evidências'. Estava na expectativa de encontrar sinais que me indicassem entradas interessantes para, ao menos, iniciar uma reflexão. Ao sair dos materiais da Comissão, não objetivava criar comparações entre as produções cartográficas dessa instituição com as de outras nem queria estabelecer continuidades entre objetos cortados por forças distintas. Intentava encontrar alguma descrição acerca da elaboração de mapas que me fizesse olhar com outros olhos o meu próprio material de pesquisa e, assim, perceber indícios de sua metamorfose em linha singular.

Primeiramente, analisei alguns manuais de cartografia; pensava que eles iriam ensinar-me como se faziam mapas. Para minha surpresa, os manuais,[11] quase sempre sob o título "Elementos de cartografia básica", não falavam especificamente a respeito do caminho a ser percorrido para fabricar, na prática, um mapa ou mesmo um levantamento que se tornaria uma carta. Não traziam nenhuma

11 Cito dois desses manuais: IBGE. *Noções básicas de cartografia*. Coleção Manuais Técnicos em Geociências, n. 8, 1999; FITZ, P. R. *Cartografia básica*. São Paulo: Oficina de textos, 2008. Em linhas gerais, a preocupação maior desses manuais é apresentar conceituações: o que é um mapa, o que é uma escala. Também se atentam para os tipos de projeção e para alguns cálculos que devem ser feitos para modificar escalas.

reflexão sobre elementos heteróclitos que se juntam em um papel com o intuito de formar uma imagem cartográfica singular. Tinha consciência de que não adiantava apenas ler teorias sobre cartografia, as quais eram importantes para entender certos termos e determinados métodos, mas não atingiam meu objetivo. Os manuais tomavam o mapa como uma consequência direta dos levantamentos: lendo-os, tive a impressão de que o simples fato de realizar um levantamento já implicava a feitura de uma carta coerente. Eles não indicavam como surgia a coerência nem expunham uma problematização mais generalizada sobre a produção de mapas. Era, então, necessário mudar a estratégia.

Resolvi entrar em contato com a bibliotecária da SCDL. Expliquei-lhe minhas dúvidas e pedi-lhe para separar os materiais sobre desenho cartográfico que lá houvesse. No dia seguinte, a bibliotecária deu-me informações de uma instituição chamada 5ª Divisão de Levantamento General Alfredo Vidal, localizada no Rio de Janeiro. Lá, disse ela, talvez eu encontrasse escritos de antigos desenhistas-cartógrafos, como daqueles que participaram da Missão Cartográfica Imperial Militar Austríaca no Exército Brasileiro.[12] Fui para a 5ª Divisão, onde tive acesso a poucos documentos, dentre os quais, um livro intitulado *O desenhista cartógrafo*, de Rudolf Langer, publicado em 1953, em que se explicitavam as técnicas necessárias para tornar-se um desenhista de excelência, e um apanhado sobre a evolução da cartografia no Brasil, feito por um cartógrafo que fora aluno dos geógrafos da citada Missão Austríaca. A funcionária responsável pela biblioteca havia conhecido esse desenhista e travara muitas discussões com ele sobre desenho de mapas; também havia sido, em épocas passadas, desenhista da instituição, dominando,

12 Essa Missão chegou ao Brasil em outubro de 1920. Seu objetivo era treinar oficiais do Exército brasileiro no emprego de técnicas fotogramétricas e aerofotogramétricas. Com ela, os engenheiros militares produziram muitos levantamentos em pouco tempo, principalmente em regiões do estado do Rio de Janeiro. Os austríacos também passaram a formar muitos desenhistas cartógrafos, tendo grande influência no Serviço Geográfico do Exército até 1970, aproximadamente (Silva, 2011, p.1-13; Branco Filho, 1978).

da perspectiva da oficina de desenho, o processo de construção de mapas.[13] Isso muito me favoreceu. Conversamos durante algumas horas. Saí de lá com uma possível solução para minha dúvida, ou melhor, com uma leitura possível para os materiais de arquivo que estava manuseando.

Qual foi a conclusão formulada a partir da conversa? A funcionária atentou-me para o fato de que, do mesmo modo que existiam 'croquis de campo', também existiam 'croquis de escritório', tracejados pelos mesmos técnicos que estiveram nas campanhas. Antes de enviarem os dados para os desenhistas que fariam os mapas finais, os demarcadores reuniam-se e preparavam adequadamente todo o material vindo das campanhas. Nessas reuniões, eles retificavam cálculos, definiam os melhores pontos a serem acrescentados nas descrições, organizavam as coordenadas e os azimutes em tabelas, confirmavam os nomes dos rios e dos lugares demarcados. Resumidamente, negociavam os desenhos e as conclusões. Os dados mais importantes eram postos nos croquis, junto da linha de fronteira desenhada à mão livre e sem muita precisão, mas devidamente apresentada numa única escala. Nos termos de Mol (2002, p.83), essa negociação punha em jogo a necessidade de coordenação.

'Coordenar': ordenar em comum. Para pôr junto as 'coisas' que chegavam, era preciso que os próprios funcionários da Comissão se ordenassem, conversassem e definissem estratégias conjuntamente. Eles não ficavam fechados em suas salas, tratando, sozinhos, os seus resultados de campanha. Se assim o fizessem, o mapa da demarcação permaneceria fragmentado. Em comum, coordenavam as 'coisas': para alinhar dois croquis de escalas diferentes, subtraíam a escala de um deles, tornando-os próximos; desejando detalhar trechos específicos, preparavam croquis especiais em escalas maiores, os quais, livres da representação principal, ocupavam um pequeno espaço no interior da moldura da carta (Imagem 3.8); às coordena-

13 Fui à 5ª Divisão de Levantamento no início do mês de janeiro de 2012. Passei uma tarde conversando acerca da produção de mapas com uma ex-desenhista da instituição (hoje bibliotecária).

das geográficas vindas do teodolito, adicionavam-se as distâncias do telêmetro – para que isso ocorresse sem grandes transtornos, produziam tabelas conjuntas, concatenando, em quadros, as duas medidas. Baseado nesses exemplos, arrisco-me a afirmar que o 'croqui de escritório' e o mapa final eram objetos compósitos (Mol, 2002, p.66-72), uma vez que carregavam diferentes efetivações dos limites em suas várias linhas e, simultaneamente, mantinham as fronteiras singularizadas, fundidas.

O desenhista, seu ofício e 'coisas' de seu estojo

Os esboços feitos a lápis e em papel milimetrado (Imagens 3.9) dentro do próprio escritório eram um documento exclusivo e primordial da/para oficina de desenho – local onde ganhavam uma forma mais apreciável: traços a nanquim, marcações coloridas, legendas, letreiros padronizados etc. Para concretizar essa meta e tornar a linha da fronteira demarcada visível e precisa (isto é, o mais aproximada possível), entravam em ação as tecnologias. Inscrever traços numa folha de papel – função essencial na prática cartográfica – exigia a ação de objetos distintos daqueles que eram utilizados nas medições topográficas e, logo, diferentes modos de manuseio dos instrumentos e uma preparação técnica específica. Se durante a construção dos marcos era indispensável saber alinhar um teodolito sobre o solo e escolher uma mira no meio de uma paisagem observada a olho nu, também era imprescindível compreender e dominar uma gama de questões práticas (das mais básicas às mais avançadas) na oficina de desenho, tais como: posicionar adequadamente uma régua sobre o papel; inclinar, no ponto certo, a mesa de desenho; definir a espessura do bico de pena a ser utilizado para fazer os traçados e as fontes dos diversos escritos que faziam parte do mapa (legendas, títulos, nomes dos rios, cidades, países etc.); apontar os lápis de acordo com o tipo de desenho (ponta chata – usada para traçar linhas; ponta redonda – para fazer desenhos de um modo geral); preparar o nanquim;[14] manipular adequadamente um transferidor, um compasso[15] ou um esquadro. Sem operar de maneira correta um transferidor – "o modo mais seguro e mais exato de transferir as operações da bússola para o papel", como dizia um antigo manual de cartografia (Fortes apud Bueno, 2003, p.448) –, o desenhista não conseguia verificar se os azimutes estavam localizados corretamente na folha e, consequentemente, tinha dificuldade de representar as devidas relações espaciais dos marcos, das nascentes e dos demais pontos levantados nas campanhas.[16] Em poucas palavras, desvios nas ações de desenho, por mais triviais que possam parecer a um olhar distante, ocasionavam desvios na cons-

---

14 Como ensina Rudolf Langer (1953, p.30) "Prepara-se o nanquim esfregando o bastão no fundo do godê [tigela], em contato com a água, sem mergulhá-lo nela. O godê ideal seria o que tem a forma de concha, ou melhor, a própria concha. Ao prepará-lo, conserva-se o godê em posição inclinada, para juntar o líquido num canto, levando-se, de tempos a tempos, à posição horizontal, a fim de umedecer a parte superior do godê, onde se esfrega o bastão. Agindo dessa maneira, obtém-se uma solução homogênea, evitando-se molhar o bastão demais, o que é essencial para a sua conservação. O nanquim dissolvido pode ser usado dias seguidos, desde que seja guardado coberto, podendo-se adicionar gotas d'água, caso tenha engrossado demais".

15 Langer (1953, p.33) apresenta uma gama de compassos que podem servir ao desenhista: compassos de pontas secas ("pontas de aço que servem somente para medições") ou de pernas desmontáveis; o cintel ("Consiste em uma vara de madeira ou metal, num tubo ou numa régua graduada, providos (*sic*) com suportes, onde se colocam as pontas secas [...]. Os suportes são deslocáveis a fim de graduar o seu afastamento"). Ele ainda afirma que "o que mais interessa ao desenhista cartógrafo é um compasso próprio para traçar, a nanquim, circunferências miudinhas, como são as que representam a vegetação silvestre em cartas topográficas. O compasso rotativo, tipo pequeno, com cerca de 10 cm de altura é o mais indicado para esta finalidade".

16 Para fazer isso, ele necessitava percorrer, no mínimo, o seguinte trajeto: 1) pôr a base do transferidor de 0° a 180° paralela às linhas verticais dos quadrículos feitos na folha para designar as latitudes e longitudes; 2) localizar o ponto de referência do objeto (traço preto no meio da base); 3) colocar esse ponto exatamente em cima do local que ele desejava determinar; 4) verificar qual azimute havia sido medido pela bússola; 5) marcar esse azimute de acordo com a numeração, em graus, do lado arredondado do transferidor.

tituição da fronteira no mapa, prejudicando a clareza tão desejada por Brás de Aguiar.

Fundamentados nos croquis, os desenhistas iniciavam a última transposição da fronteira. Posicionavam a folha quadriculada na mesa e, por cima dela, um papel transparente e firme, apropriado para desenho cartográfico. De acordo com os relatos do senhor Alcides e da ex-desenhista da 5ª Divisão, fazia-se, primeiramente, a moldura que delimitaria o espaço a ser ocupado por todos os componentes da carta. Essa moldura,[17] seguindo o sistema cartesiano de referência, era proporcional à escala e à quantidade de quadrículas que seriam inseridas dentro dela. As quadrículas, como afirma André Libault (1975), permitiam "introduzir cada setor levantado dentro do conjunto cartográfico" (p.13) e localizar os pontos conforme suas coordenadas geográficas. Feita a moldura, os desenhistas preparavam os espaços destinados à legenda, aos resumos descritivos dos levantamentos (tabelas contendo as coordenadas dos marcos, os azimutes...), ao título do mapa, ao nome da Comissão, dentre outros. Depois disso, preenchiam o papel com os elementos vindos do campo e já (re)trabalhados pelos demarcadores no escritório: os rios, os rápidos e as cachoeiras ganhavam a forma regulamentada para cada um deles; as montanhas, as florestas ou os campos passavam a figurar ao lado das águas; os marcos eram alinhados e, logo após, interconectados por linhas, demonstrando que foram feitas triangulações. Caso necessário, indicavam-se os trechos percorridos durante as campanhas e os lugares e as datas onde foram erguidos os acampamentos – tais detalhes eram postos especialmente nas cartas que seriam utilizadas em outras demarcações e naquelas que comprovavam os trabalhos cumpridos pelos

17 Como mostra Langer (1953), as molduras eram feitas com tira-linhas: "Há tira-linhas simples e duplos para traçar duas linhas paralelas de uma só vez. Há tira-linhas de tamanhos e de construções diferentes, com hastes fixas ou a haste superior móvel mediante uma dobradiça, ou outros, cuja haste inferior é deslocável em torno do parafuso, formando um xis" (p.32). Na Imagem 3.10, tem-se um estojo contendo tira-linhas e diversos outros tipos de compasso.

comissionários. Nos mapas baseados em aerofotogrametria também eram designadas as faixas dos voos feitos pelos aviões.[18]

Certamente, muitos outros aspectos eram traduzidos dos 'dados' para as linhas, porém os que foram expostos são suficientes para revelar um pouco da prática dos desenhistas, que deviam possuir tamanha destreza no manejo das penas e pincéis, além de possuir conhecimentos técnicos (tipos de projeção, cálculo de escala, escolha dos melhores instrumentos de desenho) e dominar as normas cartográficas (símbolos gráficos, posicionamento de fontes). Digo isso pelo fato de que, durante as décadas de 1930 a 1950, embora existissem variadas formas de impressão e já se produzisse grande quantidade de mapas, todas as imagens contidas nos mapas originais da Comissão eram feitas à mão livre, inclusive as fontes dos topônimos e dos quadros que faziam uso de algum texto.

Quando se veem as letras produzidas pelos desenhistas, tem-se a ideia (pelo menos isso aconteceu comigo) de que alguma máquina as criou: são idênticas, as medidas são perfeitas, as tintas não deixam borrões, não há traços duplos. Todavia, não foi uma máquina que as fez. É claro que os profissionais usaram instrumentos para elaborá-las (esquadros, transferidores, canetas, lápis, tintas), mas não instrumentos designados tão somente a 'fazer letras'. Essa foi uma invenção da segunda metade do século XX que diminuiu as dificuldades das tarefas de muitos desenhistas e projetistas. Refiro-me, aqui, ao normógrafo: uma máquina produtora de letreiros. Ele é um estojo contendo bicos de pena de variadas espessuras, gabaritos de diferentes tamanhos com as letras do alfabeto em baixo-relevo e um traçador (Imagem 3.11). Por meio desse instrumento, os desenhistas puderam passar a forjar letras perfeitas com maior velocidade.

Já que o normógrafo inexistia para os desenhistas dos anos 1930, eles se valiam das habilidades pessoais para traçar. E era a firme-

18 Há diferenças nas produções de mapas baseados em dados aerofotogramétricos daquelas que não fazem uso desse método. Ultrapassa o escopo deste trabalho, descrever o processo de transposição das imagens de fotografia aérea para o papel da carta. Para uma apreciação, ver Matos (1945).

za do traço uma das coisas que mais causava admiração por parte daqueles que avaliavam seus trabalhos. Adolfo Jedlistichka, um dos desenhistas da Missão Austríaca, para citar um exemplo, foi louvado pelos geógrafos do exército brasileiro por ter um "risco seguro e sempre igual, no preparo dos originais cartográficos; as letras por ele desenhadas, com rara habilidade e pulso firme, podiam ser sobrepostas e coincidiam idênticas (*sic*), como saídas da mesma forma" (Branco Filho, 1978, p.57).[19]

Como mencionei, os desenhistas deviam também dominar as regras de representação cartográfica, estipuladas por órgãos externos à Comissão. Nos livros de convenções cartográficas para bico de pena, indica Langer (1953, p.63), vinham expressos os símbolos usados para designar uma estrada, uma vila, um rio, uma cachoeira, um monte etc. Desse modo, se no ato de traçar as linhas havia uma ampla parcela do estilo pessoal de cada profissional – uns mais destros que outros –, na simbolização da natureza/realidade não havia espaço para a pessoalidade, havia, sim, uma uniformização, uma normatização da linguagem cartográfica. Com efeito, manipulando os mapas dos comissionários, não se veem, semelhante ao que se observa em cartas dos anos 1500, por exemplo, árvores e montanhas representadas quase pictoricamente. Ao contrário disso, são visualizados elementos abstratos (Imagem 3.12), elementos que, em certo sentido, oferecem um ar de precisão e cientificidade ao mapa (Bueno, 2003, p.454). Nem mesmo as bordas (moldura)

19 Para Rudolf Langer, era essencial, no trabalho do desenhista, construir letras perfeitas. Em relação a essa postura de Langer, o general Djalma Polli Coelho diz o seguinte: "Cada letra bem desenhada, em sua justa medida e estilo, era para o Sr. Langer uma cousa que devia ser apreciada em si mesma. Ensinava que, assim procedendo, podia o desenhista constatar qualquer defeito quanto à grossura, largura e altura dos traços. Além disso, ele insistia em que o desenhista devia saber distinguir, simplesmente pelo olhar, os defeitos que em geral se traduzem em discrepâncias nas dimensões das letras desenhadas em relação às dimensões devidas. Essas discrepâncias são da ordem do centésimo do milímetro. [...] Os símbolos cartográficos, desenhados por quem aprendeu a desenhar bem as letras, conservam a precisão e a harmonia aprendidas na prática do desenho das letras" (apud Langer, 1953, p.5-6).

apresentam decorações: não há gavinhas ou imagens ilustrativas. Observam-se somente os títulos, os topônimos e as legendas – tudo seguindo o mesmo padrão em todas as cartas. Até as cores usadas são carregadas de convencionalismo, o que denota que não dependiam da escolha do desenhista e que estão ali cumprindo a função de informar ou indicar algo (Bueno, 2003, p.456): águas são azuis; montanhas, marrons; vegetações, verdes.

A mobilidade do mapa de fronteira

Terminada a "disciplinarização dos dados" (Harley, 2005, p.204), tem-se sobre a mesa de desenho a fronteira efetivada como linha. No papel, ela está completamente conectada. Não se veem fissuras ou problemas de campanha e de organização. Não se ouvem as vozes discordantes daqueles que descobriram, com a ajuda de aparelhos técnicos ou através dos conhecimentos nativos ou de trabalhadores experientes, por onde passava o limite que devia ser levantado e, depois, demarcado. Olhando a carta feita, é difícil imaginar que aconteceram tantas coisas ou que determinados indivíduos realizaram façanhas diversas para a fronteira estar ali: horas e horas abrindo picadas; homens cruzando extensos trechos com as embarcações em seus braços; comidas estragadas; raros momentos de descontração; pessoas doentes. Todo esse longo itinerário desapareceu, surgindo, em seu lugar, um traçado perfeito, pronto para alcançar mesas, gavetas, pastas ou maletas distantes da pequena sala de desenho.

Esse era o caminho que os mapas das fronteiras seguiam, depois de avaliados e assinados pelo chefe Brás Dias de Aguiar e pelos representantes dos países limítrofes. Acentuo, ainda, que não eram os originais que se moviam, mas as cópias heliográficas que deles eram feitas. As cartas assinadas por Brás ficavam armazenadas na mapoteca da Comissão. Elas eram mantidas no escritório não para criar camadas e mais camadas de poeira por cima delas, mas para estar "ao alcance da mão" (Latour, 2000, p.368) dos demarcadores:

sempre que precisassem, puxariam uma pasta e dela tirariam as fronteira, os marcos, as direções. "Grande milagre!", alguém poderia exclamar. "Toda a fronteira norte em um conjunto de papéis organizados em armários, dentro de uma pequena sala!". Ou poderia ficar mais estupefato ainda ao ver que toda aquela fronteira, de quilômetros e quilômetros, estava, ali, aplanada e finalizada em um fino atlas de demarcação (Imagens 3.13, 3.14).

Os mapas e os arquivos de demarcação possuíam, realmente, muitos poderes. Com isso, quero dizer que eles constituíram muitas coisas. Mas não fizeram essas coisas sozinhos. Pelo contrário. Vários foram os agentes, humanos e não humanos, que trabalharam ao lado deles. Todo um arsenal de instrumentos contribuiu para que as viagens de demarcação não se tornassem apenas fábulas a serem contadas pelos demarcadores. Os objetos de medição e anotação de campo, por exemplo, possibilitaram que eles voltassem para Belém com os terrenos codificados e estabilizados na forma de números, letras e croquis; já os instrumentos da oficina de desenho transformaram os punhados de terra e água codificados em linhas finais também codificadas e estabilizadas. Em conclusão, esses objetos permitiram que a fronteira se tornasse, outrossim, um objeto: um objeto móvel e, concomitantemente, imutável (Latour, 2000, p.362; 2001, p.88; 2006, p.33-69).

Caderno de imagens 3

Imagem 3.1
Fonte: Álbum fotográfico número 8 – página 19.

Imagem 3.2
Fonte: Foto de uma sala da PCDL feita pelo autor

Imagem 3.3
Fonte: Álbum fotográfico número 8 – página 6.

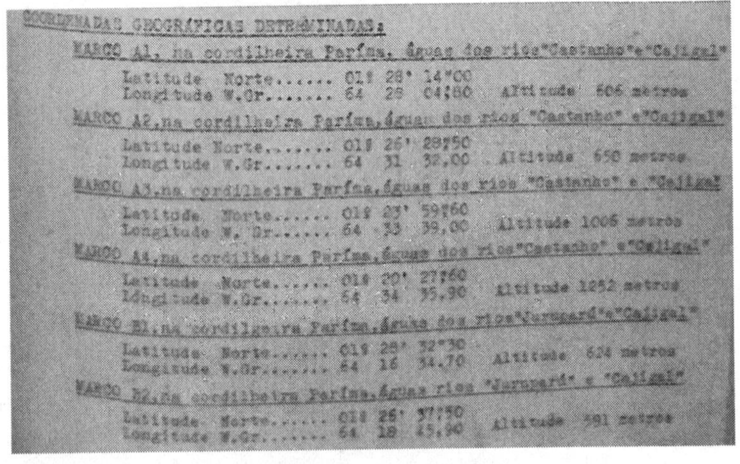

COORDENADAS GEOGRÁFICAS DETERMINADAS:

MARCO A1, na cordilheira Parima, águas dos rios "Castanho" e "Caligal"

Latitude Norte...... 01º 28' 14"00
Longitude W.Gr....... 64 28 04"80 Altitude 606 metros

MARCO A2, na cordilheira Parima, águas dos rios "Castanho" e "Caligal"

Latitude Norte....... 01º 26' 28"50
Longitude W.Gr....... 64 31 32,00 Altitude 650 metros

MARCO A3, na cordilheira Parima, águas dos rios "Castanho" e "Caligal"

Latitude Norte...... 01º 23' 59"60
Longitude W. Gr...... 64 33 39,00 Altitude 1006 metros

MARCO A4, na cordilheira Parima, águas dos rios "Castanho" e "Caligal"

Latitude Norte...... 01º 20' 27"60
Longitude W.Gr....... 64 34 35,90 Altitude 1252 metros

MARCO B1, na cordilheira Parima, águas dos rios "Jurupará" e "Caligal"

Latitude Norte...... 01º 28' 32"30
Longitude W.Gr....... 64 16 34,70 Altitude 624 metros

MARCO B2, na cordilheira Parima, águas rios "Jurupará" e "Caligal"

Latitude Norte...... 01º 26' 37"50
Longitude W.Gr....... 64 18 45,90 Altitude 591 metros

Imagem 3.4
Fonte: Relatório de campanha na fronteira do Brasil com a Venezuela – 1945-1946, p. 38.

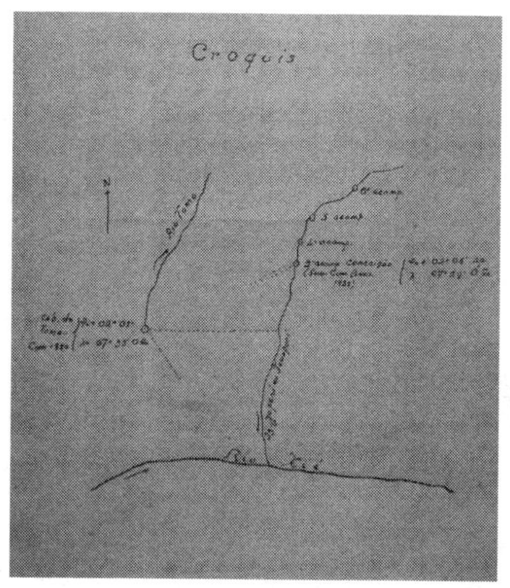

Imagem 3.5
Fonte: Relatório da Colômbia, 1936, Comissão Demarcadora do Setor Oeste, 2º volume, anexo (documento pertencente à PCDL) – página 104.

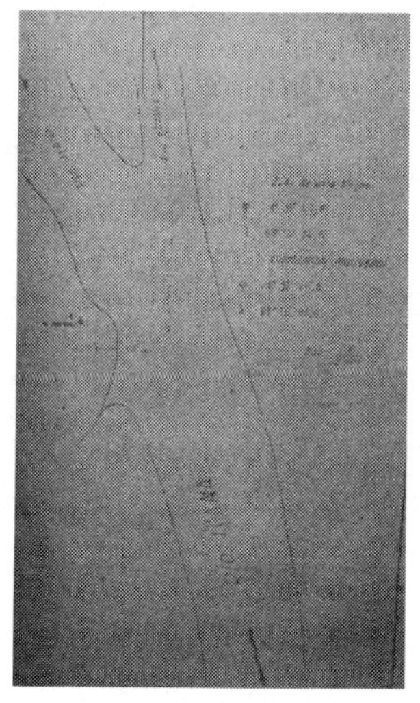

Imagem 3.6
Fonte: Relatório da Colômbia, 1936, Comissão Demarcadora do Setor Oeste, 2º volume, anexo (documento pertencente à PCDL) – página 28.

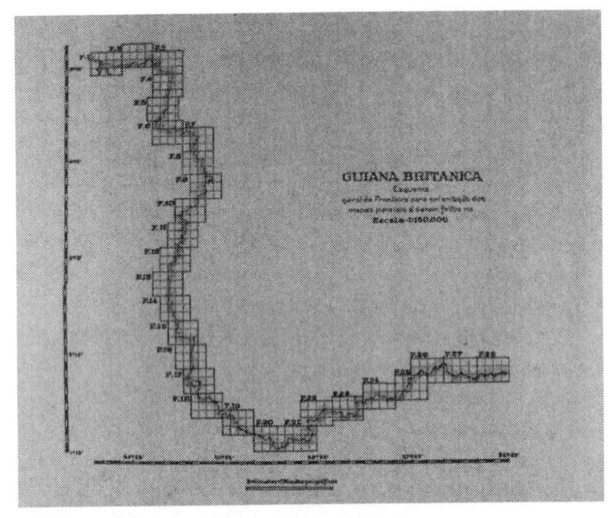

Imagem 3.7
Fonte: Atlas da fronteira do Brasil com a Guiana Neerlandesa (PCDL) – s. p.

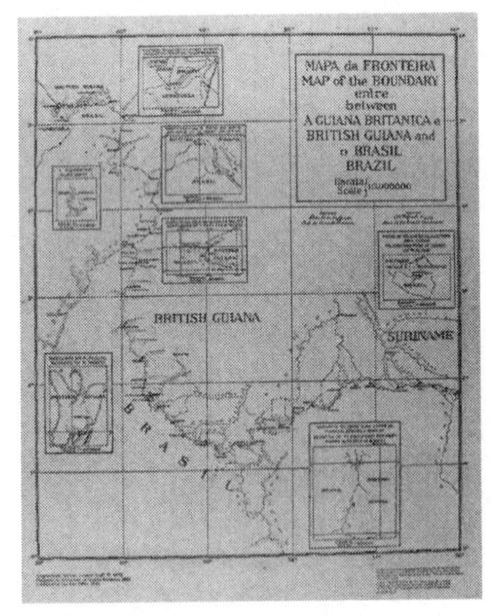

Imagem 3.8
Fonte: Atlas da fronteira do Brasil com a Guiana Neerlandesa (PCDL) – s. p.

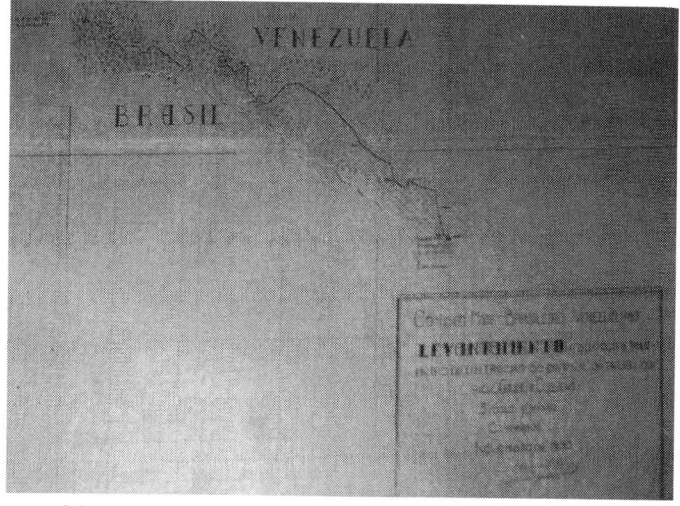

Imagem 3.9
Fonte: Mapa dos Rios Sururu e Cuquenã com bússola e telêmetro (comparado), novembro de 1933 – Mapoteca da PCDL.

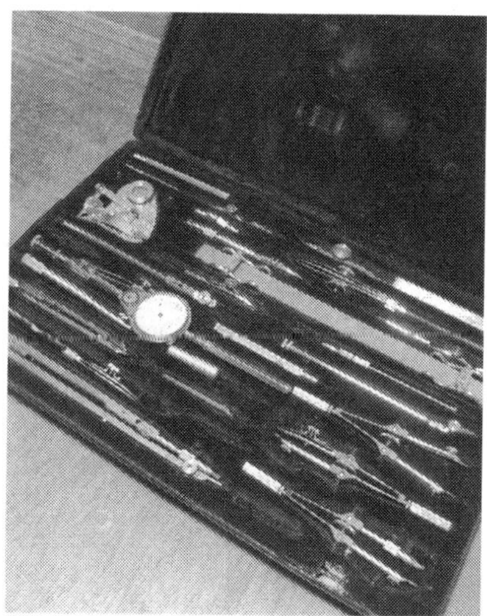

Imagem 3.10
Fonte: Estojo de desenhos – Museu técnico-etnográfico da PCDL – Foto do autor.

Imagem 3.11
Fonte: Normógrafo – Museu técnico-etnográfico da PCDL – Foto do autor.

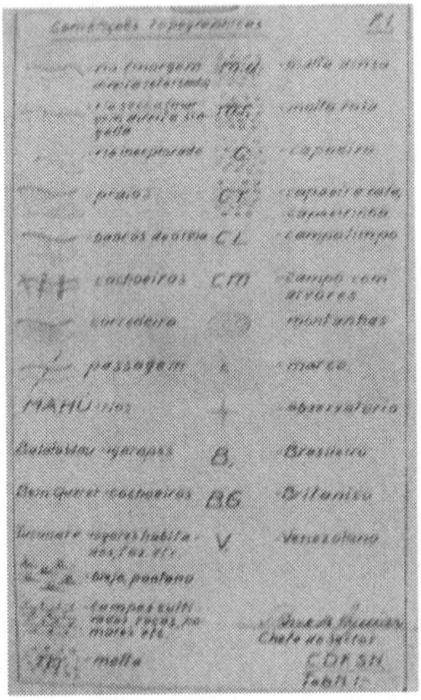

Imagem 3.12
Fonte: Álbum fotográfico número 9 – página 33.

Imagem 3.13
Fonte: Atlas da fronteira do Brasil com a Guiana Neerlandesa (PCDL) – Capa.

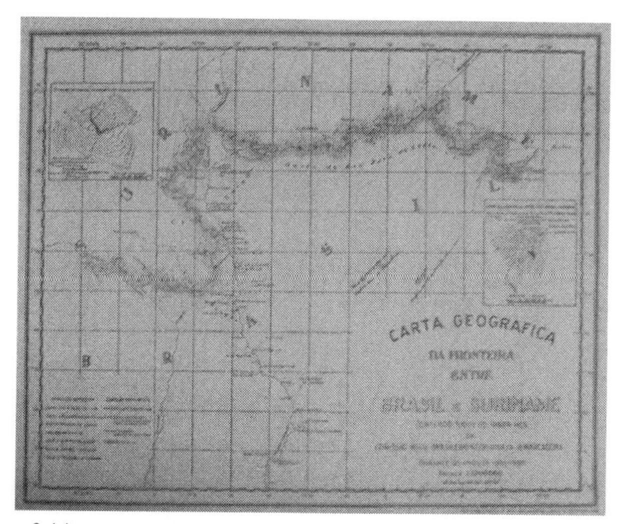

Imagem 3.14
Fonte: Atlas da fronteira do Brasil com a Guiana Neerlandesa (PCDL) – s. p.

Considerações finais

Coordenando o percurso

Contei muitos causos e narrativas que não foram, nem pretenderam ser, exemplos de uma história precisa das demarcações. Minha preocupação ao narrar certos acontecimentos foi outra. Como Rheinberger (1997, p.229), diria que escrevi pequenas histórias em que sobressaíram traços e 'coisas'. Nelas, humanos e objetos estiveram fazendo ações, lado a lado. Foram histórias das e sobre as práticas demarcatórias, com suas contingências e ranhuras apagadas do produto final, seja este uma ata de conferência, seja um mapa. Esse modo de contar contrastou-se com outros modelos descritivos. Expliquei, nos três capítulos, as diferenças existentes entre a minha proposta de descrição e a leitura dos trabalhos da Comissão feita da ótica das relações internacionais e demonstrei que, dependendo da abordagem, essa instituição podia ser vista como um intermediário ou como um mediador (Latour, 2008, p.63), o que gerou grandes modificações na apresentação e, sobretudo, na compreensão do que vem a ser materializar, através da implantação de marcos, as fronteiras de um país.

Antes de realizar uma coordenação geral do percurso e das discussões levantadas ao longo do texto, enfoco um último contraste analítico. Ele diz respeito a uma das trilhas abandonadas durante as investidas do 'mateiro nos arquivos': as propostas de interpretação da cartografia do geógrafo John Brian Harley. Na introdução, sinalizei esse afastamento proposital. Por que retomá-lo justamente no final do texto? Dar a conhecer a teoria de Harley é uma forma de demarcar as características preponderantes da minha experiência de leitura e de abrir espaço para a exposição de algumas interlocuções que os capítulos mantêm (ou podem manter), ainda que constituam narrativas específicas sobre diferentes eventos demarcatórios. Faço uma apreciação interessada de apenas alguns escritos de Harley, destacando exatamente os aspectos que permitem uma comparação que ilumine as diferenças entre as questões/respostas do geógrafo e as minhas. Não desejo criar, contudo, uma caricatura dos trabalhos de Harley, que foi bastante acionado – e ainda o é – por autores que trazem à tona interessantes apontamentos sobre as temáticas que envolvem os mapas, como Denis Wood (1993). Lembro, por fim, que esse geógrafo, se eu falasse em termos de uma 'rede de demarcação de fronteiras', traz reflexões que se referem especificamente ao nó da produção de mapas, localizado, de acordo com minha descrição, no final do processo de demarcação de fronteiras.

Os mapas e seus interesses ocultos: 'Picada Brian Harley'

"O que é um mapa?" Essa pergunta perpassa, explícita ou implicitamente, todos os artigos contidos em *The new nature of maps* (2001),[1] de Brian Harley. A resposta para ela, embora ganhe novos adornos em cada capítulo, é sempre a mesma: os mapas são uma construção social da realidade, não uma "miraculosa janela aberta para a realidade" (Wood, 1993, p.18), como estudiosos vinculados

1 Utilizo a tradução para o espanhol, intitulada *La nueva naturaleza de los mapas: ensayos sobre la historia de la cartografia* (2005). Esse livro é uma publicação póstuma, sendo composto por artigos escritos em fins da década de 1980.

a uma visão mais positivista costumam asseverar. As imagens representadas nos mapas, por serem um construto, são "carregadas de intenções [...]. São produto tanto das mentes individuais quanto de valores culturais" (Harley, 2005, p.62). Ou nos dizeres de Wood (1993, p.4): "os mapas trabalham para servir interesses". Todos os elementos que fazem parte deles – cores, legendas, traços diversificados, moldura, tarjas etc. –, mais do que ornamentações, embelezamentos, são, segundo Harley, formas de sustentar a rigidez de "uma ciência verdadeira" e de persuadir aqueles que os manusearem. Nas palavras desse autor:

> O que quero sugerir é que a retórica cobre todas as capas do mapa. Como imagens do mundo, os mapas nunca são neutros ou sem valor, nem sequer completamente científicos. [...] [Os mapas] são parte de um discurso de convencimento. Sua realidade não é uma realidade inocente ditada pela verdade intrínseca dos dados; [sua realidade] penetra a antiga arte da retórica (Harley, 2005, p.63).

Se não quiser cair nas armadilhas das afirmações que os mapas são capacitados a fazer (Wood, 1993, p.2), o analista deve desnaturalizá-los, decodificar a linguagem gráfica por eles veiculada e desvelar os recursos retóricos e as gramáticas que lhes permitem traduzir, em linhas e símbolos, a realidade que representam. Com vistas a essa desnaturalização, Harley propõe uma espécie de "decodificação profunda" dos aspectos gráficos, conjugando, para tanto, métodos de três importantes autores: a iconologia, de Panofsky; a desconstrução, de Derrida; e a análise discursiva, de Foucault. Do trio, os dois últimos são os mais empregados em suas abordagens, em especial no artigo *Deconstructing of maps.*[2] Através dessa mistura eclética e, por vezes, incompatível,[3] o autor acredita ser possível

---

2 *Hacia una deconstrucción del mapa,* 2005, p.185-207.

3 Harley (2005) diz o seguinte a respeito dessa incompatibilidade: "As ideias deste ensaio em particular devem-se, em sua maioria, a textos de Foucault e Derrida. [...] Foucault baseia seus textos em realidades sociopolíticas e constrói sistemas de organização de conhecimento do tipo que Derrida adora desmantelar" (p.188, tradução minha).

revelar as "agendas ocultas" presentes na produção cartográfica, isto é, "ajudar a localizar algumas das forças fundamentais que têm impulsionado o traçado dos mapas nas sociedades europeias e não europeias" (Harley, 2005, p.188).

Mas o que (ou quais) são essas forças encobertas? A partir de sua leitura de Foucault, o geógrafo indica uma provável resposta: o poder, onipresente em todos os tipos de produção de conhecimento. O poder é, para Harley, aquilo que explica a feitura de alguns mapas e também a sua própria utilização por indivíduos e instituições estatais ou particulares. Perceber isso é um meio de acessar, consonante a argumentação dele, as "dimensões social e política, e [...] [de] compreender como funcionam os mapas na sociedade como um tipo de poder-conhecimento" (Harley, 2005, p.202). Ademais, o poder é uma força que age externa e internamente sobre o mapa. No primeiro caso, tem-se, por exemplo, a ação daqueles que encomendam a realização de uma carta, como políticos, a Igreja Católica, reis, dentre outros. Harley ressalta que, nas sociedades ocidentais modernas, os mapas converteram-se completamente em um negócio do Estado e, consequentemente, passaram a relacionar-se com o que Foucault designou como "exercício do poder jurídico": transformaram-se em uma ferramenta para "facilitar a medição do terreno e também o seu controle" (Harley, 2005, p.203), tornaram-se a representação de um território jurídico estipulado pelo poder do Estado. Já no segundo caso, o poder vem diretamente do mapa, da sua política interna, ou seja, das categorias de classificação, da organização e hierarquização dos elementos que formam a paisagem que dele sobressai, a qual tem como função precípua legitimar e reforçar o status quo da sociedade a que ele pertence. Desse modo, como salienta Harley, os cartógrafos "produzem poder; são criadores de um panóptico espacial" (Harley, 2005, p.204), construtores de gráficos que controlam, vigiam e ordenam o mundo: "os mapas, semelhantes à arte, tornam-se um mecanismo para definir relações, sustentar regras e reforçar valores sociais" (Harley, 2005, p.195).

Com "o ato interpretativo da desconstrução", o foco desloca-se do poder propriamente dito em direção a uma averiguação do mapa como texto, como um modo de construção que – conquanto não empregue elementos linguísticos ou literários – faz uso constante de um "sistema convencional de signos". Tal sistema deve ser lido com profundidade, a fim de que sejam desvendadas as metáforas, os silêncios, os segredos, as margens e os pés de página que constituem a imagem supostamente literal, glamorosa e bem tecida na folha de papel. De acordo com Harley, esse tipo de leitura não se esquece das questões que envolvem os problemas técnicos da cartografia (precisão geométrica, localização de sítios, padrões geográficos e topográficos etc.), porém vai muito além deles, chegando até mesmo a tocar em aspectos contraditórios, conflituosos e desconcertantes mantidos escondidos sob a capa (enganosa) de naturalidade, objetividade e transparência dos mapas.[4] Também não são desconsiderados das análises do geógrafo os casos de cartas que foram censuradas, mantidas em segredo ou, ainda, produzidas com verbas e interesses ilícitos. Esses casos ("preenchidos de história") são importantes para ajudar a elucidar, em conjunto com outras questões, as ideologias que favorecem o desenvolvimento de um modelo de cartografia em detrimento de outros.

O projeto de desconstrução do mapa – uma forma de construção por meio do ato de desmantelar algo que está completamente rígido, como sustenta Harley – é bastante atraente e atinge seu ob-

4 "A cartografia inscreve [um] modelo cultural sobre o papel e podemos examiná-lo em diversas escalas e tipos de mapas. [...] Os mapas de estados locais do *ancién regime* europeu, embora derivados de uma medição instrumental, eram a metáfora de uma estrutura social baseada na propriedade da terra. Os mapas de condado e regionais, mesmo sendo fundamentados numa triangulação científica, eram a articulação dos valores e dos direitos locais. Os mapas dos estados europeus, ainda que construídos ao longo dos meridianos, ainda serviam como representação simbólica abreviada de um complexo de ideias nacionalistas. E os mapas-múndi, embora cada vez mais baseados em projeções matematicamente definidas, davam, entretanto, um giro total para o destino manifesto das conquistas e da colonização europeias do outro lado do mundo" (Harley, 2005, p.200).

jetivo de demonstrar que o vínculo entre realidade e representação cartográfica é uma ilusão movida por jogos de poder. Apesar disso, é preciso questioná-lo em alguns pontos. Brian Harley, intentando constituir uma apreciação alternativa da produção cartográfica, age, a meu ver, como se fosse ora um "juiz", ora um "sociólogo irônico" (Stengers, 2002, p.17 e 47). Como "juiz", ele fala da cartografia como se conhecesse o cerne (os segredos desconhecidos pelos próprios cartógrafos) dessa pretendente ciência. Na verdade, o juiz-Harley domina mais os movimentos da cartografia do que aqueles que são especialistas em fazer mapas. Por "saber mais", ele se sente apto a jogar por terra ou desconsiderar tudo o que os cartógrafos têm a informar-lhe. Uma regra básica de sua abordagem, aliás, é partir do pressuposto de que "a cartografia quase nunca é o que dizem os cartógrafos" (Harley, 2005, p.187). E "quase nunca é o que dizem", porque, segundo Harley, seus dizeres e pensamentos são "crenças", "irrealidades".

De certo ponto, é plausível que se duvide daquilo que os informantes dizem ao pesquisador, mas não para tecer uma longa argumentação contra esses ditos – como se os informantes fossem ingênuos ou mentirosos. Duvidar deve ser entendido como um ato de pôr em aberto, em suspenso, um ato de busca. Mas de buscar o quê? Buscar saber como os cientistas (no caso, os cartógrafos) fazem aquilo que dizem. Isto é, seguir a prática científica. Todavia, Harley não precisa nem mesmo observar como se perfaz a prática de compor mapas, posto que imagina como ocorre essa operação previamente. Tudo é dado. Além de dominar os interstícios mais profundos da cartografia, o geógrafo tem plena clareza do que é "o poder", "a política", "a ciência", fazendo fácil uso de todos esses conceitos em seus escritos. Através deles, ele demarca o que é daquilo que não é o mapa. Como um "sociólogo-irônico", Harley critica a suposta objetividade dos cartógrafos e, indo um pouco mais longe, reduz a cartografia ao social: a força transcendente, gigantesca e homogênea – a mão invisível – que move os fios da produção de mapas (Latour, 2008, p.41).

Proponho um rápido e hipotético exercício: "E se eu empreendesse uma análise aos moldes de Brian Harley?". Como regra geral para um bom exame, desconstruiria os mapas de demarcação elaborados no escritório da Comissão. Partiria, desde o início, do próprio mapa, do fato terminado. Tendo-o em mãos, tentaria encontrar sentidos mais profundos para todos os elementos que o compunham – sentidos e interesses escondidos intencionalmente. Dos vários componentes, sobressairia, provavelmente, a vinculação da Comissão ao Estado. A carta seria, então, de acordo com minha averiguação, fruto de uma vontade de conquista, conhecimento e controle advinda desse mesmo Estado. Seria, em outras palavras, expressão de seu poder. Também usaria os conceitos de contexto e estrutura social, que me serviriam para explicar a produção do mapa, sem a necessidade de compreender as particularidades do processo de sua fabricação. Aliás, sem me ater a esse processo, visto que o que me interessaria seria localizar "a matriz de pensamento da sociedade que o criou" e "as forças ocultas que influenciaram [...] as ações dos indivíduos [criadores]" (Harley, 2005, p.52). Forças que não estariam, ao que tudo indica, em sua fabricação propriamente, mas na sociedade.

Se eu utilizasse o modelo de Harley, deixaria de lado (ou colocaria à parte) todas as histórias que contei no Capítulo 2: não mostraria que, certa vez, foi um cozinheiro, não um alto funcionário do exército, que tentou estipular onde passava determinada linha de fronteira; não me lembraria das jamaxis, dos ranchos, nem tocaria na importância dos mateiros. Esqueceria, igualmente, de mencionar os instrumentos que foram manuseados pelos trabalhadores e comissionários nas campanhas e na oficina de desenho. "As forças gigantescas" e "os padrões" poderiam até me "revelar as forças obscuras que movem os fios por detrás de cada cena" – para usar uma frase de Latour (2008, p.41) ao discorrer sobre as falas de muitos sociólogos –, mas, em contrapartida, iriam me impedir de tocar nas forças menores que frequentaram as campanhas de demarcação e a composição das cartas. Trazendo à luz as coisas ditas obscuras, silenciadas, o modelo do geógrafo obscurece outras. Essas outras coisas são absolutamente relevantes para compreender como foram feitas as demarcações e os seus mapas.

Uma picada que me levou à prática e aos objetos

Já que minha intenção principal foi abordar exatamente o que Brian Harley tendia a desconsiderar, afastei-me dele (ou tentei, ao menos) e procurei aproximar-me da perspectiva de Bruno Latour, que não se apoiava em forças transcendentes para pensar a respeito da dinâmica dos variados tipos de produção científica, nem partia dos fatos feitos com o objetivo de desconstruí-los por meio de ferramentas analíticas de leitura profunda.

Adentrei a discussão do mundo da demarcação e também da cartografia não pela "entrada mais grandiosa, a da ciência acabada" (Latour, 2000, p.17), mas pela porta de trás, quando ela ainda se achava em construção, quando os elementos que a compunham estavam na superfície, sendo desnecessário operar uma desconstrução. Seguir os demarcadores em campanha e a posterior construção de uma carta de demarcação foi, para mim, um meio de acessar "fragmentos de histórias, falar das jornadas e dos incidentes que ocorreram ao longo delas, dos quais o mapa é o resultado" (De Certeau apud Ingold, 2000, p.234). E não apenas isso. Atentar para a fabricação do mapa de fronteira foi uma forma de compreender que sua "visão totalizante acima e além do mundo" foi gerada através de "movimentos de lugar a lugar no interior de uma região" (Ingold, 2000, p.230). Tudo se passou como se eu estivesse retraçando os passos de caixas-pretas que ainda não estavam fechadas.

Por não optar pela porta da "ciência acabada", fiz, em relação aos mapas de demarcação, uma pergunta diversa àquela aventada pelos projetos interpretativos de Brian Harley: não me preocupei com "o que seria um mapa", importou-me saber "como um mapa demarcatório era feito" e, junto disso, "como se perfaziam as próprias demarcações". Fui aos relatórios e aos álbuns de fotos de campanha para entender e descrever o processo ao qual o mapa ligava-se. Ambos eram objetos que, pelo fato de não serem "terminados", poderiam me conectar diretamente à prática ou que, no mínimo, trariam lampejos, rastros que me possibilitariam traçar rotas e entrelaçar ideias sobre a materialização de limites. Folheei-os, indaguei-os, cruzei-os. Diferentemente do mapa, para o qual olhava e não notava tudo aquilo que estivera implicado no momento de sua produção, os relatórios manifestavam uma grande quantidade de objetos e 'coisas' em constante relação. Eles também me deram acesso a causos de campanhas permeados de acontecimentos que fugiam do controle dos demarcadores e, mais que isso, revelavam que as próprias fronteiras eram 'coisas' a se fazer ou encontrar.

Tentei dar visibilidade aos objetos nos capítulos 2 e 3. No primeiro deles, a cada deslocamento feito por mim numa campanha imaginária, irromperam – conjuntamente às estratégias formuladas pela instituição Comissão e às táticas operadas pelos trabalhadores, mateiros e comissionários (De Certeau, 2000, p.40-5) – os instrumentos que atuavam no campo de demarcação: caixas, cabanas, microscópios, lâminas de vidro, alimentos, barcos, motores, teodolitos, telêmetros. No segundo, surgiram, com maior força, os objetos que coordenavam todas as 'coisas' que vinham das missões, a fim de que elas se transformassem em um traço coerente e singular: tira-linhas, canetas, mesas, réguas, tintas, lápis. Mas não foram somente esses objetos que apareceram. Estiveram presentes também outros elementos, como coordenadas, azimutes, metragens, croquis, os quais, no escritório, transmutavam-se em tabelas, gráficos, relatórios, novos croquis e mapas. Todos esses objetos e 'coisas' atravessavam a prática demarcatória e permitiam que a Comissão (re)conhecesse e fabricasse fronteiras. Em uma abordagem que não os priorizasse, eles poderiam até figurar no texto, preenchendo páginas, mas não alterariam em nada a descrição. O que não foi minha escolha. Se fizeram a diferença nas demarcações, mereciam que eu lhes concedesse maior atenção. Assim, aproximando-me da proposta de Cunha (2010, p.102) para a análise dos artefatos documentais da polícia carioca, procurei expor "o lugar que ocupa[v]am nos arquivos [de demarcação] e no conhecimento produzido a partir del[e]s e não às expensas del[e]s".

Falar do "conhecimento produzido" por meio dos objetos: desafio que se impôs nos três capítulos. Um desafio que trazia consigo a importância de explorar a participação dos instrumentos e das 'coisas' vindas das campanhas em seus próprios termos (Holbraad et al. 2007, p.10). Para tanto, esforcei-me para não acionar a ideia de "sistemas" com o intuito de relacionar, coerentemente, conhecimento e objetos. Não quis amarrá-los em uma estrutura de referência – como "contexto social" ou "visões de mundo" –, através da qual encontraria um meio de elucidar e explicar os sentidos deles, reduzindo-os a uma informação de segundo plano (background information), isto é, a exemplos de algo que lhes era completamente externo (Strathern, 1990, p.38).[5] Se tivesse entrado nessa via, não teria visto o poder infinitesimal dos objetos acontecendo na prática. Poder entendido, aqui, como poder fazer alguma coisa, poder transformar, poder medir, poder inscrever (Stengers, 1990, p.13-16). No Capítulo 2, ao narrar como um teodolito ou uma corrente de agrimensor funcionava e como efetivavam as fronteiras de maneiras múltiplas, distingui o que cada um desses instrumentos, compostos por variadas peças e manipulados pelos demarcadores de modos distintos, fazia nas campanhas, ou seja, o que eles podiam e produziam. Exemplos semelhantes foram oferecidos no Capítulo 3, em que todos os aparatos do escritório e da oficina de desenho deram a conhecer seu poder de performar a fronteira como linha.

Os objetos foram um dos principais agentes que possibilitaram que a Comissão entrasse em um ciclo de "acumulação de conhecimento" (Latour, 2000, p.357) sobre as regiões fronteiriças. Por meio deles, os trabalhadores em geral e os demarcadores foram, primeiramente, capazes de chegar a campo, de estar lá, longe de suas casas e da Comissão. A maioria desses lugares era desconhecida, o que exigia, além de um amplo processo de programação estratégica, instrumentos que suportassem as intempéries dos trajetos,

5 O caso de Harley (2005) ilustra bem tal abordagem. Esse autor, como indiquei, tomou o objeto mapa e os sentidos de seus elementos como replicações de um sistema cultural, de uma ideologia dominante ou de uma estrutura social.

as correntezas dos rios e a rudeza das florestas. Não bastava ter qualquer tipo de embarcação, era preciso, sim, ter canoas e barcos que impusessem obediência às águas, às pedras, ventos e até mesmo às tripulações (Latour, 2000, p.359). Motores, latas lacradas para guardar víveres e cordas eram necessários para chegar lá e manter o trabalhador vivo para realizar as atividades de demarcação. Já que falei de sobrevivência, destaco que eram exigidos carregadores saudáveis, acostumados com o clima e a dureza do trabalho. Junto disso, vinham os cuidados que os médicos tomavam para manter a saúde daqueles que participavam nas campanhas: os remédios contra febre amarela (como a atebrina), as punções para o tratamento de leishmaniose, os bisturis para operações rápidas, as injeções e os exames de sangue. Sem trabalhadores, as demarcações não chegariam ao fim e todo o dinheiro investido pela Comissão seria perdido. Logo, as ações dos médicos e dos remédios eram absolutamente importantes.

Depois de estar lá, vinham os auxílios dos objetos de medição, que, aliados aos corpos dos demarcadores, eram imprescindíveis aos experimentos. Aqui surge um ponto relevante. Diferentemente de viajantes comuns, de canoeiros da região e dos práticos que os guiavam, os comissionários não tinham o interesse apenas de 'experienciar' as terras, os nativos e seus costumes, os rios ou os animais das áreas de fronteira. A meta maior deles era 'experimentar', ser experimentadores. O que distingue esses dois modos de portar-se perante a 'realidade' da fronteira? De acordo com Bruno Latour (1990), a distinção não reside na questão do conhecimento em si mesma, posto que ambos o produzem-no, e, sim, na forma em que ele se dá ou é adquirido. Para aquele que 'experiencia', "a habilidade, o conhecimento e o know-how [são] encorporados na carne da pessoa" (Latour, 1990, p.56). Por outro lado, a pessoa que experimenta tem esse conhecimento "excorporado": "inscrito, transformado em artigos e arquivos no interior de alguma instituição científica, comercial ou política" (Latour, 1990, p.56). Decerto, os demarcadores, ao se deslocarem além das paredes da Comissão, experienciavam algo, mas isso não era o bastante para a concretização total de suas tarefas. Eles precisavam voltar com resultados, dados, informações, registros para o escritório. Para conseguir isso, agiam como experimentadores e disponibilizavam a si mesmos como instrumentos para a ciência demarcatória. Assim, o corpo do demarcador – seus olhos treinados de topógrafo, geógrafo ou cartógrafo, suas mãos, seu olfato – tornava-se, juntamente dos instrumentos de medição topográfica, os relógios, as folhas quadriculadas, os cadernos de nota, um dispositivo destinado a medir, a fazer, a contar e a anotar 'coisas' em campo.

Com as 'coisas' obtidas pelas experimentações, os comissionários ampliavam o escopo das suas atividades: implantavam marcos, mas também adquiriam conhecimentos a partir dos instrumentos manuseados por eles. Como frisa Latour (1990, p.63): "experimentos fazem palavras com coisas e coisas com palavras, através de instrumentos, inscrições e controvérsias". O fato de experimentarem as fronteiras – e as fabricarem experimentando – permitiu que as viagens dos técnicos e auxiliares de demarcação, conforme apontei no Capítulo 3, não se tornassem meras histórias de aventura. Ao contrário. Isso fez com que retornassem com 'coisas' que podiam ser cotejadas com outras e, por conseguinte, modificar a compreensão e as informações que se tinha a respeito das áreas demarcadas. Por trás da pessoa de um demarcador, estavam não elucubrações, mas 'dados' que independiam deles e eram estáveis e transportáveis (Latour, 2000, p.364), como números, coordenadas, altitudes. No escritório, tudo isso era coordenado e, por fim, resultava em um mapa da fronteira demarcada. Esses 'dados' também serviam de 'arma' para que os (cientistas) demarcadores questionassem a veracidade de relatos de viajantes ou de outros cientistas, apontando exatamente onde estava o erro e oferecendo, segundo as experimentações (levantamentos) feitas por eles, uma informação "precisa". O seguinte trecho toca exatamente nessa questão:

> A foz do Mapulau marcava, até a nossa subida, o ponto máximo do Demeni conhecido por civilizados. O colombiano Palma, em companhia de alguns homens, dentre eles o índio João Arinos,

ali já haviam estado em pescaria meses antes. Pelo mapa que me acompanhava, do explorador Desmond Holdridge, verifiquei ter o mesmo tomado, certamente por ser mal informado, o Mapulau como sendo o Demeni. [...] Em seu mapa está impresso o Demeni como vindo do norte e sua nascente se aproximando muito das do rio Parima, um dos formadores do Uraricoera. *Pelo levantamento que fiz*, ficou provado o contrário, o rio Demeni vem de noroeste e se suas águas chegam perto das cachoeiras do Parima, só podem ser as do seu afluente Mapulau, quem vem daquela direção.[6]

À medida que aumentaram as campanhas demarcatórias, aumentaram, com um ritmo semelhante, a entrada de 'coisas' no escritório. Mais 'coisas', mais tabelas, mais relatórios encadernados, mais mapas, mais coordenadas, mais fotos. Mais e mais papéis prontos para viajar até outras instituições e também para fortalecer o arquivo de trabalho da Comissão, que se estendia cada vez mais, necessitando de mais armários, pastas e álbuns, etiquetas, catálogos, regras de manuseio da biblioteca e da mapoteca. Em suma, um arquivo que precisava de organização[7] para que os traços (ordenados) das fronteiras emergissem da desordem (Latour & Woolgar, 1997, p.281). Desorganizadas, essas 'coisas' seriam apenas empilhamentos vazios de sentido. Diante desse acúmulo, as fronteiras do norte já não mereciam, pelo menos ali no arquivo de demarcação de limites, o epíteto de "sertão norte". Amplos trechos foram esquadrinhados e triangulados: conheciam-se os detalhes dos rios e as zonas de fronteira mais problemáticas; sabia-se onde deveria ser a próxima investida dos comissionários; as populações nativas passaram a ganhar identificações mais claras nos mapas.[8]

---

6 Caixa "Relatórios 1879-1941 – Fronteira Brasil-Venezuela". Relatório de campanha, 1940-1941, p.125-6.

7 Como indiquei no Capítulo 3, nos boletins da década de 1940, constam passagens que se remetem à construção de armários, organização das cadernetas e produção de álbuns de fotos, com seus respectivos índices.

8 No que se refere aos índios, por exemplo, foi elaborado um "Roteiro Etnográfico", fundamentado em informações dos relatórios, em alguns livros de etnologia e também nas aulas oferecidas pelo etnólogo Curt Nimuendaju

Arriscaria afirmar que, pouco a pouco, de viagem a viagem, fazendo associações e possibilitando que outros frequentassem as regiões de limites internacionais, se formou, em Belém, um centro[9] de fabricação de fronteiras – o que chamei de máquina de produção territorial no Capítulo 1. Como chefe desse centro, Brás Dias de Aguiar não apenas administrou seus assuntos internos, mas também divulgou seu nome, seus projetos, suas ações e suas 'coisas'. Tal qual o diretor de um laboratório descrito por Bruno Latour (2000, p.252-55), que durante o dia de trabalho tenta constituir alianças com pessoas e órgãos distintos, além de gerenciar o próprio laboratório, Brás de Aguiar, talvez com menos deslocamentos e atividades mundo afora, buscou aliar-se, no dia a dia, a representantes de outros países, pesquisadores da área de geografia e a instituições de cartografia. Como resposta a suas tentativas de constituir elos, foi convidado para dar aulas, falar da Comissão em eventos abertos ao público em geral e até mesmo para liderar uma apresentação sobre a cartografia do norte brasileiro em um congresso para cartógrafos no ano de 1944. Nesses encontros, ele negociava e até prometia realizar novos empreendimentos, como produzir livros e dicionários geográficos.

Nas maletas de Brás de Aguiar sempre estiveram presentes os objetos móveis, prontos para serem apresentados e manipulados. Viajando, trasladando por lugares, a Comissão, seu chefe e suas 'coisas' associaram-se a outras 'coisas', a outros chefes e a outras instituições. Juntos, formaram grupos, compuseram um 'social' (Latour, 2008, p.19) com agentes assaz heteróclitos: coordenadas geográficas, pessoas, rios, arquivos, mapas, instrumentos de medição, instituições... Nem só humanos, nem só objetos.

---

no Museu Emílio Goeldi, na década de 1940. Esse livro continha fotos de todas as peças indígenas que os demarcadores coletaram em suas campanhas, acompanhadas de textos descritivos dos povos a que elas pertenciam. Foi escrito por uma das secretárias de Brás de Aguiar.

9 Para a discussão sobre a formação de 'centros' na área de ciência e tecnologia, ver Latour (2000, p.361).

Referências

Arquivo da Primeira Comissão Demarcadora de Limites:

Álbuns de fotografia números: 1, 2, 3, 4, 5, 6, 7, 8 e 9;
Caixa "Boletins internos, 1934-1946";
Caixa "Boletins internos, 1947-1950";
Caixa "Relatórios 1879-1941 – Fronteira Brasil-Venezuela";
Caixa "Relatórios 1941-1944 – Fronteira Brasil-Venezuela";
Caixa "Relatórios 1944-1950 – Fronteira Brasil-Venezuela";
Caixa "Relatórios 1945-1964 – Fronteira Brasil-Venezuela";
Caixa "Relatórios do Serviço de Saúde, 1929-1952";
Caixa "Correspondência/Documentos, 1920-1990 – Fronteira Brasil-Venezuela";
Caixa "Histórico da Fronteira – Acordos, protocolos, tratados, 1859-1973";
Caixa "Relatório 1927-1932 – Fronteira Brasil-Guiana Britânica";
Caixa "Relatórios Guiana Britânica";
Caixa "Relatório de campanha, 1928-1932 – Fronteira Brasil-Colômbia";
Caixa "Relatório de campanha, 1933-1935 – Fronteira Brasil-Colômbia";
Pasta "Biografias";
Pasta "Cópias dos documentários a respeito da PCDL".
Trabalhos da Comissão Brasileira Demarcadora de Limites – Primeira Divisão – nas fronteiras da Venezuela e Guianas Britânica e Neerlandesa, de 1930 a 1940 (Memória). Brás Dias de Aguiar.

Obras gerais:

ALMEIDA, R. F. de. 1937. "Excursão científica aos rios Cuminá e Trombetas. Memória do Instituto Oswaldo Cruz. 32 (2), p.235-98, abril--junho.

ANTUNES, C. *Levantamentos topográficos*: apontamentos de topografia. Lisboa: Faculdade de Ciências, Universidade de Lisboa, 1995.

BENOIT, S. *Henri Anatole Coudreau (1859-1899)*: dernier explorateur français en Amazonie – une première biographie. Paris: L'Harmattan, 2000.

BRANCO FILHO, M. C. *A história do Serviço Geográfico do Exército (1890-1978)*. Brasília: Ministério do Exército, Departamento de Engenharia e Comunicações, Diretoria do Serviço Geográfico do Exército, 1978.

BUENO, B. *Desenho e desígnio:* o Brasil dos engenheiros militares (1500-1822). Orientador: Dr. Nestor Goulart Reis Filho. Tese. (Doutorado em Arquitetura). Faculdade de Arquitetura e Urbanismo da Universidade de São Paulo, 2003.

CARDOSO, V. "Narrar o mundo: estórias do 'povo da rua' e a narração do imprevisível". In: Mana, v.13, n.2. Rio de Janeiro, 2007, p.317-45.

CASTRO, C. & CUNHA, O. "Quando o campo é o arquivo". In: Estudos históricos, jul.-dez. 2005, n.36, p.3-5.

CASTRO, C. "A trajetória de um arquivo histórico: reflexões a partir da documentação do Conselho de Fiscalização das Expedições Artísticas e Científicas no Brasil". In: Estudos históricos, jul.-dez, 2005, n.36, p.33-42.

COUDREAU, H. *Les Français en Amazonie*. Paris: Alcide Picard et Kaan, 1887.

______. *La France Equinoxiale*. Paris: Challamel Ainé Ed. (Prefácio e introdução), 1887a.

______. *Viagem ao Tapajós*. Tradução de: Eugênio Amado. Belo Horizonte: Itatiaia, 1977.

______. *Viagem ao Xingu*. Tradução de: Eugênio Amado. Belo Horizonte: Itatiaia, 1977a.

CUNHA, O. "Do ponto de vista de quem? Diálogos, olhares e etnografias dos/nos arquivos". In. *Estudos históricos*, 2005, jul.-dez., n. 36, p.7-32.

______. "La existencia relativa de las cosas (que reposan em los archivos): prácticas y materialidades en relación. In: SIRIMARCO, M. et al.

Estudiar la policía: la mirada de las ciencias sociales sobre la instituición policial. Buenos Aires: Teseo, 2010, p.97-138.

DE CERTEAU, M. *La invención de lo cotidiano*: artes de hacer. Tradução de: Alejandro Pescador. Ciudad de México: Universidad Iberoamericana, 2000, v.1.

DELEUZE, G. & GUATTARI, F. "O liso e o estriado". In: ______. *Mil Platôs*. São Paulo: Editora 34, 1997, p.179-214.

______. *O Anti-Édipo*. Tradução de: Luiz B. Orlandi. São Paulo: Editora 34, 2010.

DIRKS, N. "Annals of the archive: Ethnographic notes on the sources of history ", In: AXEL, B. K. *From the margins*: Historical Anthropology and its futures. Durham: Duke University Press, 2002, p.47-65.

ENGEL, J. "Delimitação, demarcação e cartografia das fronteiras do Brasil". In: Curso de conhecimentos e informações sobre cartografia. Rio de Janeiro: s.e., 1968.

FOUCAULT, M. *A arqueologia do saber*. Tradução de Luiz Felipe Baeta Neves. Rio de Janeiro: Forense Universitária, 2010.

FURQUIM, L. *Fronteiras terrestres e marítimas no Brasil*: um contorno dinâmico. Dissertação de Mestrado. São Paulo: Universidade de São Paulo, 2007.

GINZBURG, C. "Sinais: raízes de um paradigma indiciário". In: ______. *Mitos, emblemas, sinais: morfologia e história*. São Paulo: Companhia das Letras, 1989.

GOLIN, T. *A fronteira*: governos e movimentos espontâneos na fixação dos limites do Brasil com o Uruguai e a Argentina. Porto Alegre: L&PM, 2002.

HAMY, E.T. "Nécrologie: Henri Coudreau". *In: Journal de la Societé des Americanistes de Paris*. 1901, v.3, n.3-2, p.186-9.

HARLEY, J. B. *La nueva naturaleza de los mapas*: Ensaios sobre la historia de la cartografia. Tradução de: Letícia García Cortés. México: FCE, 2005.

HOLANDA, S. B. Caminhos e fronteiras. Rio de Janeiro: José Olympio, 1975.

HOLBRAAD, M. et al. "Introduction: thinking through things". In: HOLBRAAD et al. (org.). *Thinking Through Things*: theorizing artefacts ethnographically. Londres: Routledge, 2007.

INGOLD, T. "To journey along a way of life: maps, wayfinding and navigation". In: ______. *The Perception of the Environment*: essays on livelihood, dwelling and skill. Londres: Routledge, 2000, p.219-42.

LANGER, R. *O desenhista cartógrafo*. Rio de Janeiro: Oficinas Gráficas da D.S.G., 1953

LATOUR, B. *Les microbes*: guerre et paix (suivi de Irreductions). Paris: Métailié, 1984.

______. "Visualization and cognition: drawing things together". In: KUKLICK, H. (Org.). *Knowledge and Society in the Sociology of Culture Past and Present*. New York: Jai Press,1986, p.1-40.

______. "The force and the reason of experiment" In: GRAND, H. E. (org.). *Experimental Inquiries, 49-80*. Dordrecht: Kluwer, 1990.

______. "Where are the missing masses? The sociology of a few mundane artifacts". In: BIJKER, WE. & LAW, J. (Org.). *Shaping Technology/ Building Society:* studies in sociotechnical change. Cambridge: MIT Press, 1992, p.225-58.

______. *Ciência em ação*: como cientistas e engenheiros sociedade afora. Tradução de Ivone C. Benedetti. São Paulo: Ed. Unesp, 2000.

______. "Referência circulante: amostragem do solo da floresta Amazônica". In: LATOUR, B. *A esperança de Pandora*: ensaios sobre a realidade dos fatos científicos. Tradução de: Gilson César Cardoso. Bauru: Edusc, 2001, p.39-96.

______. "Les 'vues' de l'esprit: une introduction à l'anthropologie des sciences et des techniques". In: AKRICH, M.; CALLON, M.; LATOUR, B. (Org.). *Sociologie de la traduction*: textes fondateurs. Paris: Mines Paris, 2006, p.33-69.

______. *Reensalmblar lo social*: una introducción a la teoría del actor-red. Tradução de: Gabriel Zadunaisky. Buenos Aires: Manantial, 2008.

LATOUR, B. "Where are the missing masses? The sociology of a few mundane artifacts". In: BIJKER, Wiebe E. & LAW, John (Org.). Shaping technology/Building society: studies in sociotechnical change. Cambridge: MIT Press, 1992, p. 225-258.

LAW, J. & MOL, A. "Complexities: an introduction". In: ______. (Org.). *Complexities*: social studies of knowledge practices. Durham: Duke University Press, 2002.

LEIRNER, P. "A formação do Estado numa perspectiva antropológica". In: *Estudos históricos*. Rio de Janeiro, 2003, n.32, p.194-200.

LIBAULT, A. *Geocartografia*. São Paulo: Nacional, 1975.

LIMA, A. *Grande cerco de paz*: poder tutelary, indianidade e formação do estado no Brasil. Petrópolis: Vozes, 1995.

LOPES, T. *O cidadão da América, 1948*. p.225-90.

MALINOWSKI, B. *Os Argonautas do Pacífico Ocidental*. Tradução de Anton P.Carr et al.São Paulo: Abril Cultural, 1978.

MATOS, A. "Princípios gerais de cartografia". RBG. Ano 8, n.4, out.--dez., 1945, p.621-30.

MOL, A. *The Body Multiple*: ontology in medical practice. Durham: Duke University Press, 2002.

MIGUENS, A. *Navegação*: a ciência e a arte. s.l, s.e., 1996.

NERY, S. "O terreno contestado entre a França e o Brasil e a missão Coudreau". In: *Jornal do Commercio*, em 25 de maio, 1891, p.193-210.

RHEINBERGER, H.J. *Toward a History of Epistemic Things*: synthesizing proteins in the test tube. Stanford: Stanford University Press, 1997.

RICE, H. *Exploração da Guiana brasileira*. Tradução de: Lacyr Schettino. São Paulo: Edusp, 1978.

RIHGB. "O Oyapock: divisa do Brasil e a Guiana Franceza à luz dos documentos históricos" In: RIHGB, Tomo II, 1895, p.215-24.

RILES, A. "Introduction: In response". In. ______. (org.) *Documents*: artefacts of Modern Knowledge. Michigan: The University Michigan Press, 2006.

RIO BRANCO, B. *Frontières entre le Brésil et la Guyane Française*. Second Mémoire présenté par les Etats Unis du Brésil au Gouvernement de la Confedération Suisse. Berne: Imprimerie Staempfli & Cie, 1899.

ROSA, J. "Aletria e hermenêutica". In: *Tutameia*. Rio de Janeiro: Ediouro, 2009.

SANJAD, N. "Emílio Goeldi e o Contestado Franco-Brasileiro (1897-1900)". In: ______. *A coruja de Minerva*: o Museu Paraense entre o Império e a República (1866-1907). Rio de Janeiro: Fundação Oswaldo Cruz, 2010, p.300-36.

SILVA, E. *90 anos da Missao Cartográfica Imperial Militar Austríaca no Exército Brasileiro*: Relato histórico de fotogrametria. Apresentação no 1° Simpósio Brasileiro de Cartografia Histórica. Paraty, 10 a 13 de maio., 2011, p.1-13.

SILVA, J. *L'Oyapock et l'Amazone*: question brésilienne et française. Paris: Imprimerie de L Martinet, 1861.

STENGERS, I. *Quem tem medo da ciência?* Ciências e poderes. Tradução de: Eloísa Araújo. São Paulo: Siciliano, 1990.

______. *A invenção das ciências modernas*. Tradução de Max Altman. São Paulo: Editora 34, 2002.

STRATHERN, M. *Partial connections*. Savage: Rowman & Littlefield Publishers, 1991.

______ *The relation*. Cambridge: Prickly Pear Press, 1995.

VELHO, O. "Os novos sentidos da interdisciplinaridade". In: *Mana*. Rio de Janeiro, 2010, v.16, n.1, p.213-26.

VIANA, H. *História das fronteiras no Brasil*. Rio de Janeiro: s.e., 1948.

WOOD, D. *The power of maps*. Londres: Routledge, 1993.

SOBRE O LIVRO

Formato: 14 x 21 cm
Mancha: 23,7 x 42,5 paicas
Tipologia: Horley Old Style 10,5/14

EQUIPE DE REALIZAÇÃO

Coordenação Geral
Oitava Rima